CW00687948

Edizione 2018

Proprietà Letteraria Riservata

By Onlus Internazionale Life Preserver
Sede generale - Italy
Pescara - c.so Vittorio Emanuele n.59
info@lifepreserver.eu
tel. 3663024361
www.lifepreserver.eu
www.bernadetteucci.it

Bernadette Perricone Ucci

CREATO
CREATORE
CREATURE

CAPITOLO PRIMO

TRACCE DI VITA ANCESTRALE

La paternità di Dio

La creazione dell'uomo è in relazione alla creazione della natura.

L'uomo è posto al vertice della creazione. Come può vivere una vita giusta se non conosce l'effetto dell'origine?

Come potrebbe sussistere una cosa, se tu non vuoi? O conservarsi se tu non l'avessi chiamata all'esistenza? (Sap 11,25).

O amabile Padre,
che sei Verità e Amore,
riconosco di appartenerti
e alla tua Mente mi affido,
Sovrano della vita.
Davanti a te scompaiono le ansie del tempo presente,
né più alcun turbamento avvolge il mio cuore.
Non più rimpianti, se non per il mio cielo.
Non più attese, se non per il mio futuro in te.
Amministra il mio tempo come a te più piace.
Ancora una volta plasmami fra le tue mani,
forgiami secondo il tuo Cuore, o mio Creatore.
Ai battiti del mio cuore dai la cadenza di quelli del tuo,
ai miei occhi la luce dei tuoi,
alla mia voce la musica della tua voce.
Filtra alla tua sapienza il mio pensiero,
affinché il mio giudizio sia secondo la tua giustizia
e il mio parlare secondo la tua Parola.

Dio ha creato la simbiosi cellulare per dare origine al creato vivente.

Tutta la vita ha un punto fermo di origine, un piccolo spunto, un piccolo seme che può generare grandi cose.

Allora possiamo dire in sintesi che Dio è l'anteprima di ogni singolo soggetto e oggetto.

> Gli rispose Gesù: «In verità, in verità io ti dico, se uno non rinasce dall'alto, non può vedere il regno di Dio» (Gv 3,3).

La vita di ogni uomo appartiene a Dio.

Fuori di Lui noi non siamo. Se ci basiamo sulla nostra idea di noi stessi, costruiamo un "io" senza sostanza.

> L'uomo non è padrone della sua via,
> non è in potere di chi cammina il dirigere i suoi passi (Ger 10,23).

In tutto il creato vive la vita di Dio e ancor più nell'uomo, creatura eletta a parlare con Dio. Egli, infatti, ha bisogno di credere per spirito naturale innato.

> Come la cerva desidera i corsi d'acqua,
> così l'anima mia anela a te, o Dio.
> L'anima mia è assetata di Dio,
> del Dio vivente (Sal 42,1-2).

O Amabile Padre,
tutto era stato pensato
affinché non si interrompesse il suono delle origini
e la vita si abbeverasse di te,
il piccolo e il grande si rispettassero a vicenda
e non ci fossero né tiranni né vittime, né potenti né succubi.
Il potere doveva essere solo dell'Amore,

potere senza abuso, potere senza vanto, potere senza peso,
potere autorevole e casto, materno e regale,
il potere del tuo amore, Padre.
Tutto era stato tracciato per un armonico percorso d'amore,
dove Tu ricondurrai l'intera creazione.

Sorridiamo alla vita. Dio è la luce, camminiamo verso la luce!

È in te la sorgente della vita,
alla tua luce vediamo la Luce (Sal 36,10).

La natura va difesa e conservata per il benessere dell'uomo.

Il corpo umano, come gli elementi della natura, non va devastato. Purtroppo l'uomo ora vive nella sofferenza perché ha perso la conoscenza del rispetto per se stesso e per il mondo che lo circonda.

Benedetto XVI ha ricordato più volte che questo compito affidatoci da Dio Creatore richiede di cogliere il ritmo e la logica della creazione. Noi invece siamo spesso guidati dalla superbia del dominare, del possedere, del manipolare, dello sfruttare; non la "custodiamo", non la rispettiamo, non la consideriamo come un dono gratuito di cui avere cura (Papa Francesco, udienza generale 5 giugno 2013).

La natura diventa, quindi, un evangelo che ci parla di Dio: «dalla grandezza e bellezza delle creature per analogia si conosce l'autore» (Sap 13,5). Paolo ci insegna che «dalla creazione del mondo in poi, le invisibili perfezioni (di Dio) possono essere contemplate con l'intelletto nelle opere da lui compiute, come la sua eterna potenza e divinità»

(Rm 1,20). Ma questa capacità di contemplazione e conoscenza, questa scoperta di una presenza trascendente nel creato, ci deve condurre anche a riscoprire la nostra fraternità con la terra, a cui siamo legati a partire dalla nostra stessa creazione (cfr. Gen 2,7) (Giovanni Paolo II, udienza generale 26 gennaio 2000).

Per la nostra comune appartenenza a Dio, dobbiamo ritenerci insieme legati all'unico Amore Creatore. Se con sincerità sentiremo questa unione, ci sosterremo vicendevolmente e ci fortificheremo nella verità.

Tu, Padrone della forza, giudichi con mitezza;
ci governi con molta indulgenza,
perché il potere lo eserciti quando vuoi.
Con tale modo di agire hai insegnato al tuo popolo
che il giusto deve amare gli uomini.
Inoltre hai reso i tuoi figli pieni di dolce speranza
perché tu concedi dopo i peccati la possibilità di
pentirsi (Sap 12,18-19).

Ma se camminiamo nella luce, come egli è nella luce, siamo in comunione gli uni con gli altri (1Gv 1,7).

O amabile Padre,
cosa posso darti che non sia già tuo?
Tua è la mia libertà,
tuo il desiderio che ho di te,
tuoi i miei pensieri d'amore.
Tu stesso mi dai da intendere le cose
attorno a cui la mia mente faticosamente lavora.
Dono tuo è la mia intelligenza,
dono tuo il mio cuore,

tuo il mio spirito,
tua la luce dei miei occhi.
Cosa posso darti di buono che non sia già tuo,
eterno e sommo Bene?
Eppure io cerco qualcosa di mio,
che tu possa riconoscere come mia proprietà.
E trovo che mia proprietà sono le resistenze
della mia umana natura alla tua divina volontà,
le mie ostinazioni su desideri che non sono tuoi,
gli istinti disordinati, le vanità,
le sicurezze fondate sul transitorio.
Poiché tu ami in me ciò che è tuo,
io rinuncio a tutto ciò che in me non è tuo, mio Dio.
Con piena determinazione mi libero
dai lacci che mi legano alla mia volontà,
ai miei umani progetti
e alle mie ambizioni terrene
per arrendermi alla tua volontà,
ai tuoi misteriosi disegni celesti,
alle tue divine attese su di me.
Voglio amare tutto ciò che è tuo.
Nei tuoi desideri voglio perdermi.

Ogni uomo vive il riflesso della luce del Padre divino. Tale luce irradia l'infinito. E anche quando noi ci troviamo nella notte, l'infinito rimane nella luce.

Io sono indegno di tutta la benevolenza e di tutta la fedeltà che hai usato verso il tuo servo (Gen 32,11).

O amabile Padre,
la scena del mondo con le sue vistose maschere
mi distoglie a tratti dalla contemplazione del tuo Volto
ma io torno a te con l'anima
sempre più desiderosa di averti per me.
Il presente è la mia fede,
il futuro il mio riposo in te.
Mio Dio e Padre, tu mi sovrasti e mi governi,
mi ammaestri e mi consoli.
Con la tua soavissima potestà
rendi docile la mia umanità
come per incanto.
Non temo più nulla, non suppongo,
non mi interrogo sul domani, né sulle prossime ore.
Ti cerco, Padre mio, e sempre ti ritrovo nella memoria
delle meraviglie dell'opera tua.

Nell'atto creativo Dio ha previsto un tempo di riposo per l'uomo stanco, come una culla d'amore per sognare e far riposare il corpo, perché la creazione prevede tempi di attività e tempi di riposo.

Allora ho osservato tutta l'opera di Dio, e che l'uo-
mo non può scoprire la ragione di quanto si com-
pie sotto il sole; per quanto si affatichi a cercare,
non può scoprirla. Anche se un saggio dicesse di
conoscerla, nessuno potrebbe trovarla (Qo 8,17).

O amabile Padre,
che regoli la vivacità dell'anima mia,
ne orchestri il canto,

13

ne stabilisci i tempi silenziosi,
le ore di fervore e quelle di arsura,
quelle di mortificazione e quelle di esultanza,
mostrami il tuo amore e assimilami ad esso.
I palpiti del tuo Cuore s'imprimano nel mio.
Che io aderisca così bene a te
da divenire riflesso radiante di te per le strade del mondo.
Scrivi nella mia anima il tuo nome,
poni sulla mia bocca i tuoi accenti.
Voglio proclamare la tua Parola,
testimoniare la tua fedeltà,
esprimere con i miei gesti la tua carità,
con i miei progetti i tuoi desideri.

Il nostro Padre Celeste, unica sorgente di luce senza tempo e senza sosta, riflette una luce velata nei cuori degli umili che a Lui si sottomettono con amore. Egli, il solo immenso Amore, per amore dona minutissime particelle di luce nei cuori che sanno convivere con la mente sottoposta all'eterno.

> *In lui era la vita*
> *e la vita era la luce degli uomini;*
> *la luce splende nelle tenebre (Gv 1,4-5).*

Lo spirito si evolve in ogni essere umano liberamente dal centro del suo corpo.

La materia del corpo è corruttibile, come ogni cosa creata, e questo è dovuto unicamente a una sintesi chimica.

Lo spirito nell'uomo è invece incorruttibile ed eterno e

ha quindi la capacità di cogliere il senso delle cose.

Le cose visibili sono d'un momento, quelle invisibili sono eterne (2Cor 4,18).

Chi di voi, per quanto si affanni, può aggiungere un'ora sola alla sua vita? (Lc 12,25).

O amabile Padre,
dove corre il mio cuore, dove va così velocemente?
Dove vuole arrivare?
È te che cerca.
Quando ti lasci scoprire, cessa il mio tumulto interiore.
Il desiderio di te eccede me ma, quando ti incontro,
è il tuo eccesso d'amore per me che mi sovrasta.
Ti riconosco, Verità austera, e mi inabisso in te.
E, mentre tu mi introduci al mistero autorevole della vita,
il mio cuore apprende le segrete vie del tuo Cuore.

Il benessere interiore di ogni uomo, piccolo o grande che sia, va ripristinato con l'educazione all'ascolto dell'ambiente esterno e dell'interno del proprio essere. Da questa conoscenza scaturisce la cognizione di quale sia la fonte dell'amore e, di conseguenza, nasce un sentimento di legame verso il creato e verso se stessi.

Cercate il Signore e la sua forza,
ricercate sempre il suo volto (1Cr 16,11).

Li riempì di dottrina e di intelligenza,
e indicò loro anche il bene e il male.
Pose lo sguardo nei loro cuori
per mostrar loro la grandezza delle sue opere
(Sir 17,6-7).

O amabile Padre,
non si è persa nel vuoto la tua dichiarazione d'amore
di questo mio giorno.
Viva e indelebile, la sua eco risuona nel mio cuore.
Mi hai chiamato col mio nome.
Il mio nome ripetevi a ritmo incalzante,
al mio susseguente invocarti.
Stupenda rincorsa d'amore fra cielo e terra!

Se l'uomo ripristina la gioia dell'ascolto interno ed esterno, la metamorfosi verso l'equilibrio interiore diviene rapida e radicale, poiché scatta in se stesso il ripristino di quella terapia naturale di cui ogni essere umano è dotato.

Vale a dire che noi esistiamo per crescere, curando con l'ascolto ciò che nel nostro intimo più profondo siamo e cioè anima spirituale.

Il nostro spirito riceve ed emette segnali vitali se vive in sintonia con l'ordine della creazione, ascoltando i messaggi di vita racchiusi in ogni angolo del creato.

> *L'uomo, preso dal desiderio di avere e di godere, più che di essere e di crescere, consuma in maniera eccessiva e disordinata le risorse della terra e la sua stessa vita. Alla radice dell'insensata distruzione dell'ambiente naturale c'è un errore antropologico, purtroppo diffuso nel nostro tempo. Egli pensa di poter disporre arbitrariamente della terra, assoggettandola senza riserve alla sua volontà, come se essa non avesse una propria forma ed una destinazione anteriore datale da Dio, che l'uomo può, sì, sviluppare, ma non deve tradire. Invece di svolgere il suo ruolo di collaboratore di Dio nell'opera della creazione, l'uomo si sostituisce a Dio e così finisce col provocare la ribellione della natura, piuttosto tiranneggiata che governata da lui (cfr. GIOVANNI PAOLO II, Centesimus Annus, n.37).*

*Gli alberi del campo daranno i loro frutti e la terra
i suoi prodotti; essi abiteranno in piena sicurezza
nella loro terra. Sapranno che io sono il Signore, quando avrò spezzato le spranghe del loro
giogo e li avrò liberati dalle mani di coloro che li
tiranneggiano. Non saranno più preda delle genti,
né li divoreranno le fiere selvatiche, ma saranno al
sicuro e nessuno li spaventerà (Ez 34,27-28).*

*O amabile Padre,
è scritto nell'anima nostra che ciò che conta è appartenerti
come creature e come figli.
Io sono dunque per te l'amore amato.
Aiutami, mio Dio, a porre al centro della mia fatica esistenziale
la fede e l'abbandono alla tua santa volontà.
Aiutami a distaccarmi di volta in volta
da ogni legame affettivo verso le realtà temporali
che mi allontanano da te.
Che io rispetti, onori e ami la vita in tutte le sue manifestazioni
e la orienti alla realizzazione dei tuoi progetti,
riconoscendo in te la fonte di ogni mia facoltà.
Sia il mio prossimo il mezzo per guadagnare strada
nel cammino verso di te
con l'accoglienza, l'ascolto, il confronto discreto.
Che non abbia timore di fronte al mistero dell'opera tua
e non abbia a cedere allo sconforto
di fronte agli ostacoli e ai fallimenti
ma collabori con te nella leggerezza esistenziale
di chi ha posto piena fiducia in te,
Padre divino, Mente suprema,
Occhio che vedi oltre ogni umano orizzonte.*

Il creato è la manifestazione
della vita divina

La natura, ascoltata nel silenzio, suscita l'incontro con la Persona di Dio. Da qui inizia il cammino felice dell'uomo.

Tu sei degno, o Signore e Dio nostro,
di ricevere la gloria, l'onore e la potenza,
perché tu hai creato tutte le cose,
e per la tua volontà furono create e sussistono
(Ap 4,11).

O amabile Padre,
ci hai voluto cittadini del cielo e ospiti della terra,
affinché vivessimo la cittadinanza terrena
favorendo tutto ciò che di buono sa concepire
il cuore umano rivolto a te.
È per la nostra cittadinanza celeste che intimamente
diventa pacifico il mare agitato del tempo presente.
Sappiamo infatti che questo tempo svanirà
e l'eterno sarà la nostra definitiva dimora.
È la nostra cittadinanza celeste che ci infonde
serenità di giudizio
e ci induce a guardare i nostri errori
sollevati dalla clemenza del tuo perdono.
La vicinanza a te, Padre,
ci fa crescere nell'umiltà e nella carità,
nella speranza e nella comprensione,
nella saggezza e nella correzione.
Come è soave la vita dell'uomo
che conosce e coltiva la propria natura spirituale,
la vive e la condivide con te, Padre!
Quanto sostegno riceve l'anima nostra

da questo tenerissimo intrattenimento d'intesa e d'amore
sempre rinnovato con il suo Creatore!
Scompaiono le cose vecchie, ne vengono di nuove,
si anima la volontà,
il cuore si dispone alla purezza, all'armonia e alla pace.
L'uomo rientra in sé nella tua luce.
Allora i tuoi passi, Dio e Padre, segnano di te la terra.

Il creato è l'espressione della bellezza in tutte le sue forme; con i suoi colori e i suoi profumi, esprime armonia. Nulla è stato creato a caso nella natura.

L'organismo umano vive bene quando tutti i suoi organi percepiscono gli impulsi benefici provenienti da ogni cosa creata. Così, ad esempio, i profumi naturali favoriscono nell'uomo un rinnovamento di vita.

Orgoglio dei cieli è il limpido firmamento,
spettacolo celeste in una visione di gloria!
Il sole mentre appare nel suo sorgere proclama:
«che meraviglia è l'opera dell'Altissimo!»
(Sir 43,1-2).

Bellezza del cielo la gloria degli astri,
ornamento splendente nelle altezze del Signore
(Sir 43,9).

O amabile Padre,
mio Dio, viva Presenza di verità e di pace,
mio sconfinato Bene,
l'anima mia riconosce in te la sua sostanza.
A te, che tutto mi doni, interamente mi dono.
A te, che tutto sei, tutto affido.
In te, che tutto puoi, mi affido.

Indosso il vestito della festa
e un tappeto d'oro ti preparo nel mio cuore.
Come la corolla di un fiore, l'anima mia si apre ad accoglierti.
In te vivo l'anticipo della beatitudine che mi attende
nella vita senza fine al tuo cospetto.

Privandosi della comunicazione con il suo Creatore, l'uomo si sradica dalle leggi stesse della creazione. Così succede che con la propria intelligenza, donatagli dallo Spirito di Dio per collaborare con Lui, egli si fa strumento delle cose create invece che essere strumento della Vita creatrice, così com'è stato concepito da Dio stesso.

Tradendo la sua natura spirituale, l'uomo tradisce Dio e se stesso.

> *È necessario che ci sia qualcosa come un'ecologia dell'uomo, intesa in senso giusto.*
> *Il libro della natura è uno e indivisibile, sul versante dell'ambiente come sul versante della vita, della sessualità, del matrimonio, della famiglia, delle relazioni sociali, in una parola dello sviluppo umano integrale. I doveri che abbiamo verso l'ambiente si collegano con i doveri che abbiamo verso la persona considerata in se stessa e in relazione con gli altri. Non si possono esigere gli uni e conculcare gli altri. Questa è una grave antinomia della mentalità e della prassi odierna, che avvilisce la persona, sconvolge l'ambiente e danneggia la società (cfr. BENEDETTO XVI, Caritas in Veritate, n.51).*

Tutto ciò che è naturale e non è sottoposto a manipolazione rimanda alla vita creata e alla sua bellezza.

Per quanto studiata, la natura conserva sempre un ordine reale di mistero per l'uomo. Il suo germogliare e

crescere è totalmente affidato al comando invisibile della grande energia vitale che è Dio.
Dio è Amore.

> *Ecco, Dio è sublime nella sua potenza;*
> *chi come lui è temibile?*
> *Chi mai gli ha imposto il suo modo d'agire*
> *o chi mai ha potuto dirgli: «Hai agito male»?*
> *Ricordati che devi esaltare la sua opera,*
> *che altri hanno cantato.*
> *Ogni uomo la contempla,*
> *il mortale la mira da lontano.*
> *Ecco, Dio è così grande, che non lo comprendiamo:*
> *il numero dei suoi anni è incalcolabile (Gb 36,22-26).*

> *Neppure i santi del Signore sono in grado*
> *di narrare tutte le sue meraviglie,*
> *ciò che il Signore onnipotente ha stabilito*
> *perché l'universo stesse saldo a sua gloria.*
> *Egli scruta l'abisso e il cuore*
> *e penetra tutti i loro segreti (Sir 42,17-18).*

O amabile Padre,
tutto in questa terra ha senso e valore perché riflette te.
I fiori sorridono del sorriso tuo,
i cipressi si allungano nel cielo per sfiorarti,
il vento sulle alte vette rimanda ai tuoi segreti,
i bambini parlano della purezza tua,
l'incontro di chi si ama richiama il tuo amore,
il sospiro dei vecchi attende il tuo abbraccio.
Tutto parla di te,
del tuo antico richiamo d'amore di Padre divino.
Ed è per questo che l'intero universo attende
la nostra risposta d'amore.

L'Amore è la vita dell'Intelletto divino e ha contenuti sempre da scoprire.

La natura è il primo contenuto.

La conoscenza della natura è il primo gradino per la conoscenza di se stessi. Conoscendo la natura nelle sue espressioni e nei suoi linguaggi l'uomo inizia l'ascesi verso l'identificazione della propria evolutiva natura personale.

Se l'uomo riesce a ritrovarsi in ogni parte del creato, riesce anche a scoprire l'essenzialità del suo essere anima spirituale.

> *Sì, Dio ha creato l'uomo per l'immortalità;*
> *lo fece a immagine della propria natura (Sap 2,23).*

O amabile Padre,
all'inizio dei tempi,
nel tuo sguardo purissimo
si specchiarono tutte le dolci armonie nell'aurora del creato.
Il tuo cuore si compiaceva.
Le tue creature, vestite a festa, echeggiavano dalla terra
il dolce suono delle tue melodie
e coloravano i tratti della tua bellezza.
Guardasti allora con occhio tenerissimo d'amore
la tua creatura umana che vi primeggiava.
Ella vedeva la realtà nella sua verità di perfezione e di bellezza,
ne godeva senza travisarla né darle interpretazioni fuorvianti.
Solo la purezza, infatti, ha il grande potere
di far vedere le cose come realmente sono.
Tolta la purezza,
tutto si oscura, si complica, si ingarbuglia.

La personalità nell'essere umano si evidenzia e cresce attraverso la scoperta delle caratteristiche che governano la vita della natura.

L'ascolto della natura e l'immedesimazione nella sua vita diveniente instrada l'uomo all'equilibrio fra la mente e lo spirito.

Tutte le vie dell'uomo sembrano pure ai suoi occhi,
ma chi scruta gli spiriti è il Signore.
Affida al Signore la tua attività
e i tuoi progetti riusciranno (Pr 16,2-3).

All'uomo appartengono i progetti della mente,
ma dal Signore viene la risposta (Pr 16,1).

O amabile Padre,
non accada che,
a motivo del mistero che tu sei,
io dimentichi di volgermi a te.
Non accada che sfugga alla mia coscienza
la piccolezza di ciò che io sono,
né la consapevolezza della perfezione dell'opera tua,
perfezione amabile, amorevole e sapiente,
in cui fermamente credo.
Spirito di azione, di saggezza, di equilibrio, di bontà
il mio cuore riposa in te.

Il benessere vitale è già in essere, ma il progressivo consumismo umano ne allontana la percezione.

Più che appropriarsi dei beni e di se stesso, l'uomo dovrebbe curarsi di essere amalgama costruttiva fra la terra e il cielo. Questa è la naturale ragione del vivere umano.

Solo in tal modo si può ricostituire l'equilibrio naturale nell'uomo e in tutto il creato.

Cercate piuttosto di adornare l'interno del vostro cuore con un'anima incorruttibile piena di mitezza e di pace: ecco ciò che è prezioso davanti a Dio (1Pt 3,4).

Il Signore tuo Dio ti farà sovrabbondare di beni in ogni lavoro delle tue mani, nel frutto delle tue viscere, nel frutto del tuo bestiame e nel frutto del tuo suolo; perché il Signore gioirà di nuovo per te facendoti felice, come gioiva per i tuoi padri (Dt 30,9).

O amabile Padre,
lontano da te l'uomo vaga in una notte senza luna.
Egli si perde nell'intrigo creato dai suoi stessi processi mentali
deviati dal percorso originale della vita
che tu hai impresso nell'intima radice di ogni cosa.
Padre, tu hai stabilito per ogni vita un corso ben preciso,
saldo nella sua logica,
scandito da ritmi e modalità di perfezione
finalizzate al compimento del bene specifico ed universale,
temporale ed eterno.
Non hai destinato l'uomo a una faticosa sopravvivenza,
l'hai dotato di ogni attitudine
a vivere una vita spiritualmente armoniosa.
Tutto hai predisposto affinché vivesse nella gioia.
Egli avrebbe accolto senza infelicità
le sofferenze connesse alla corruttibilità dell'umana natura;
non avrebbe conosciuto le vere acute sofferenze esistenziali
che da solo si procura dissociandosi da te, Fonte della vita.

Padre buono, tu ci hai creato perché godessimo in te
le dolci armonie della bellezza eterna,
per poterti compiacere di noi
e perché noi, a nostra volta, trovassimo compiacimento
nell'onorarti con la nostra vita.
Fa' che si accenda in noi la luce,
per riconoscerti e accogliere con gratitudine tutto ciò
che da sempre hai disposto e disponi
per la nostra gioia temporale ed eterna.

La natura è maestra

Nella natura ritroviamo chi siamo.
L'uomo, a contatto con la natura, riscopre il suo essere autentico. Inoltre si ritrova in sé appagato nell'intimo, perché riconosce i suoi affetti più profondi e recupera il filo conduttore della sua vita nelle ragioni che fondono il cielo con la terra. Egli riprende in tal modo motivo, forza e nutrimento spirituale dal suo legame con la vita universale.

> *La scienza che viene dallo Spirito Santo non si limita alla conoscenza umana: è un dono speciale, che ci porta a cogliere, attraverso il creato, la grandezza e l'amore di Dio e la sua relazione profonda con ogni creatura. Santo il dono della scienza per capire bene che il creato è il più bel regalo di Dio (cfr. Papa Francesco, udienza generale 21 maggio 2014).*

Per eccesso d'amore incontinente, Dio ha voluto che il fiume di vita straripasse fino a toccare la terra, per tornare in ultimo a Dio da dove proviene.

> *La sua potenza divina ci ha donato tutto ciò che riguarda la vita e la pietà mediante la conoscenza di colui che ci ha chiamati con la propria gloria e virtù. Attraverso queste ci sono state elargite le sue preziose e grandissime promesse perché per mezzo di esse voi diventaste partecipi della natura divina dopo essere sfuggiti alla corruzione che è nel mondo a causa della concupiscenza. Voi, per questa stessa ragione, mettendoci da parte vostra ogni impegno, aggiungete alla vostra fede la virtù; alla virtù la conoscenza; alla conoscenza l'autocontrollo; all'autocontrollo la pazienza; alla pazienza la pietà; alla pietà l'affetto fraterno; e all'affetto fraterno l'amore (2Pt 1,3-8).*

La mente è il motore qualificativo delle azioni umane, ma una mente che non si sottopone a Dio perde l'equilibrio dettato dall'ordine della creazione.

La sapienza nell'uomo ha origine dal sodalizio della sua ragione con la sua anima. Tale sodalizio è favorito dall'ascolto del silenzio, ancor più quando si è immersi nella bellezza degli ambienti naturali. Lì l'uomo incontra Dio, il suo linguaggio d'amore e di verità e inizia in lui a sgorgare l'acqua limpida sorgiva della sapienza del vivere. Tutto il suo essere partecipa sensitivamente, emotivamente, intellettualmente e sentimentalmente ai suoni e alle armonie naturali. Egli allora comprende nell'intimo che l'origine dell'essere è in lui e fuori di lui. Egli scorge la vita dell'essere nell'ascolto del vento, nel fruscio delle foglie, nella cadenza ritmata della pioggia e in tutto ciò che si muove attorno a lui. Tutto racconta all'anima sua la storia e la vita del creato. Creato e creatura si ritrovano nati dalla stessa Mano. Ed è allora che l'uomo si accorge che nella luce del suo intelletto vive il riflesso della luce di Dio Padre. Egli in tal modo fa esperienza della paternità di Dio, nella misura della sua umiltà.

> *Quanti confidano in lui comprenderanno la verità;*
> *coloro che gli sono fedeli vivranno presso di lui*
> *nell'amore,*
> *perché grazia e misericordia sono riservate ai suoi*
> *eletti (Sap 3,9).*

Santa umiltà,
porta di accesso alle divine grazie,
sei finestra sulla luce del cielo.
Sapiente, benefica e mite virtù,
tu vieni in aiuto alla nostra debolezza,

ci trai in salvo dagli inganni dell'amor proprio,
ci restituisci la coscienza della nostra identità.
Stolto l'uomo che vede in te una perdita
anziché un guadagno!
Né egli può vedere la sua stoltezza
finché non è conquistato da te,
somma e regale virtù.
Né tu puoi conquistarlo,
se egli non vuole avvicinarti
e addirittura ti tiene lontana
per paura di perdere sé in te.
Stolto l'uomo che vede in te la sua riduzione!
Cieco, non si avvede che solo tu
puoi liberarlo dalle catene dell'orgoglio
che lo legano al dolore e ad un'inquietudine senza soluzione.
Soave e bella umiltà,
che ci conduci alla via segnata da sempre dall'Eterno Padre,
sei tu che apri la nostra intelligenza
alla comprensione dei significati veri e profondi della realtà.
Cara e materna umiltà,
che ci riporti agli antichi affetti celesti,
sei tu che ci introduci all'intimo colloquio con Dio,
nostro Padre.
Candida amica dell'eterno Amore,
che ci disponi alla pace e alla carità,
sei tu la nostra compagna preziosa in questo tempo d'esilio.
Senza te non c'è accesso al Paradiso.

L'umile non subisce l'autoritarismo della mente imbevuta di sé, sa guardare la realtà con il senso obiettivo dell'essere di ogni cosa.

L'umile non stabilisce paletti preventivi, non ha un "io" dispotico da difendere a tutti i costi e quindi è disposto a riconoscere la verità che il cuore gli rivela su di sé. Né egli teme che il legame perpendicolare con Dio Padre possa ridurlo. Egli infatti, nel conoscere l'essenza di ogni cosa, considera e apprezza la sua superiorità sulla creazione ma comprende anche che tale superiorità gli deriva dal Creatore stesso che l'ha voluto partecipe dell'intelligenza divina. Egli allora non solo riconosce l'Intelligenza superiore dell'Autore della vita, ma ne gode la figliolanza che permette fra lui e Dio una relazione d'affetto.

Io li traevo con legami di bontà,
con vincoli d'amore;
ero per loro
come chi solleva un bimbo alla sua guancia (Os 11,4).

Quello che abbiamo veduto e udito, noi lo annunziamo anche a voi, perché anche voi siate in comunione con noi. La nostra comunione è col Padre e col Figlio suo Gesù Cristo (1Gv 1,3).

La natura, osservata in silenzio, ci parla di amicizia e ci educa alla purezza dei sentimenti. La vita, infatti, è nata da un atto di purissimo amore. Tutta la natura ce ne parla e ce lo dimostra nelle sue manifestazioni libere e belle.

Attraverso questa "scuola di ascolto" l'uomo, insieme alla conoscenza della realtà vivente, capirà che tutto si muove nella giustizia se c'è il rispetto delle cose create, delle leggi che le regolano e quindi anche dell'uomo stesso.

Ha ordinato le meraviglie dalla sua sapienza,
poiché egli è da sempre e per sempre (Sir 42,21).

31

O amabile Padre,
Genitore dell'umana genitura,
gli uomini ti chiedono di ascoltare di loro
ciò che già tu sai ma non ascoltano di te
quello che loro non sanno e non si curano di sapere,
non porgono i loro orecchi ai tuoi richiami di Padre divino.
Tu stabilisci provvidenzialmente ogni cosa per loro
e nulla per te chiedi
ma ti aspetti l'osservanza delle tue leggi
che governano il creato,
l'obbedienza dei tuoi figli alla tua divina volontà,
il rispetto della vita.
Padre senza i suoi figli,
Sovrano senza i suoi sudditi,
Re dell'universo ignorato dai governanti della terra,
Benefattore dimenticato dai beneficati,
Creatore emarginato dalle sue creature,
il tuo dolore chiede riparazione.

Attraverso l'ascolto del linguaggio naturale l'uomo riconosce in sé l'elemento principe della creazione, che è l'amore, l'amore nella sua delicatezza e autorevolezza di verità. Tale amore va onorato in tutte le sue qualità e va coltivato come il dono più prezioso.

Quanti confidano in lui comprenderanno la verità;
coloro che gli sono fedeli
vivranno presso di lui nell'amore,
perché grazia e misericordia
sono riservate ai suoi eletti (Sap 3, 9).

O amabile Padre,
nel banco di prova della mia fede canterò te,
Dio della mia lode.
Sulla mia umana debolezza canterò la tua forza,
sulla mia impotenza la tua potenza.
Ti riconoscerò come mio Re che a tutto provvedi,
al di là di quanto la mia vista miope sappia vedere
e la mia piccola mente valutare.
Sarai con me fra i rumori assordanti
di tutto ciò che è destinato a morire,
nel buio della notte, nella solitudine e nelle incomprensioni,
nelle consolazioni e nella gioia.
Ti riconoscerò e ti seguirò, mio Signore, ovunque mi troverò.
So che tu sei con me ora, lo sarai fra un attimo ancora,
lo sarai tutt'oggi,
lo sarai domani, e ancora nei giorni che verranno,
fino a quando lascerò questa mia temporanea dimora.
Non c'è un attimo della mia vita che non sia governato da te.
Quando mi addormento tu vegli su di me,
all'alba aspetti
che i miei occhi si aprano e la mia sensibilità si svegli
per riconoscerti ancora quale sei:
eterno Padre di infinita bontà.

Solo ritrovandoci nella natura e attraverso la natura guadagneremo la viva conoscenza degli elementi di vita.

Tuttavia, resta di fatto che la natura rimanda ai grandi misteri che la ragione umana non potrà mai penetrare ma solo l'intimo colloquio con Dio può spiegare.

L'habitat naturale è la dolce casa dell'uomo, il luogo dove l'uomo trova la spiegazione della sua esistenza.

L'Altissimo conosce tutta la scienza
e osserva i segni dei tempi,
annunziando le cose passate e future
e svelando le tracce di quelle nascoste.
Nessun pensiero gli sfugge,
neppure una parola gli è nascosta.
(Sir 42,18-20).

O amabile Padre,
divino Artefice della bellezza,
fondimi in te per farmi luce della luce tua
fra le nubi del tempo che vogliono oscurare il tuo Volto.
Voglio vivere la mia vita in te, pur restando in me.
Rapiscimi nel tuo mistero, mio Dio.
Non mi spaventa l'ignoto, se l'ignoto sei tu.
Voglio compiacermi di compiacerti
e portare alle storie umane
il profumo caldo del tuo amore divino.
Fammi vivere
per essere la contemplazione vivente del tuo Amore!
Dolce contemplarti, mio Dio, che mi sei accanto
tutti i giorni della mia vita.

Nella storia la religiosità è stata sempre naturale nell'uomo a motivo della sua costituzione interiore.

L'uomo in tutti i tempi della storia ha sempre sentito il bisogno di rivolgersi a Dio. La maestosità dell'ambiente naturale e la potenza delle sue incontrollabili manifestazioni lo ponevano di fronte ad uno stato istintivo di soggezione. Da qui i riti di propiziazione tesi a ottenere i favori divini, una religiosità primordiale e ancora immatura che presupponeva, però, un legame fra cielo e terra.

> *Davvero stolti per natura tutti gli uomini*
> *che vivevano nell'ignoranza di Dio,*
> *e dai beni visibili non riconobbero colui che è,*
> *non riconobbero l'artefice, pur considerandone le*
> *opere.*
> *Ma o il fuoco o il vento o l'aria sottile*
> *o la volta stellata o l'acqua impetuosa*
> *o i luminari del cielo*
> *considerano come dèi, reggitori del mondo.*
> *Se, stupiti per la loro bellezza, li hanno presi per dèi,*
> *pensino quanto è superiore il loro Signore,*
> *perché li ha creati lo stesso autore della bellezza.*
> *Se sono colpiti dalla loro potenza e attività,*
> *pensino da ciò quanto è più potente colui che li ha*
> *formati.*
> *Difatti dalla grandezza e bellezza delle creature*
> *per analogia si conosce l'autore (Sap 13,1-5).*

Nelle tradizioni orientali la religione investe aspetti culturali e stili di vita. Essa si riconduce all'eticità, tant'è che le religioni orientali invocano la trascendenza come atto e tensione verso la purificazione.

> *Queste ultime* (le religioni dell'Estremo Oriente*),*
> *anche nella presentazione che ne fa il Concilio, pre-*
> *sentano carattere di sistema. Sono sistemi culturali*
> *e, insieme, sistemi etici, con un'accentuazione molto*
> *forte del bene e del male (GIOVANNI PAOLO II, Varcare la*
> *soglia della speranza).*

Il cristianesimo ha aperto la strada a un rapporto con Dio Padre decisamente più intimo, tracciando pagine di grande bellezza nella storia delle religioni, come possiamo vedere nelle opere dei mistici occidentali.

*Ma parlando ora alquanto più sostanzialmente di
questa scala di contemplazione segreta, dirò che
la proprietà principale, per cui si chiama scala, è
il fatto che la contemplazione è scienza d'amore la quale è notizia amorosa infusa da Dio che
simultaneamente illumina e innamora l'anima fino
a farla salire di grado in grado a Dio suo Creatore,
poiché solo l'amore è quello che unisce e con-
giunge l'anima con Dio (*SAN GIOVANNI DELLA CROCE,
Opere, Notte oscura, libro 2, cap.18.5).*

Qual è stata l'innovazione storica? Decisamente un
rapporto nuovo con Dio, visto come Padre, e il progetto di
redenzione messo in atto da Cristo che si colloca come
ponte fra cielo e terra.

*Era necessario che la natura fosse rinforzata e
rinnovata e, fosse indicata e insegnata concre-
tamente la strada della virtù (didachthenai aretes
hodòn), che allontana dalla corruzione e conduce
alla vita eterna [...] Apparve così all'orizzonte della
storia il grande mare dell'amore di Dio per l'uomo
(San Giovanni Damasceno).*

Dio Padre ha generato il Figlio quindi nell'amore e per
amore. Cristo manifesta a noi l'amore del Padre e ci conduce a unire i nostri cuori al suo Cuore. L'intera Chiesa,
Corpo mistico di Cristo, è con Cristo un solo cuore che
prega per la salvezza di tutto il mondo.

*Nessuno mai infatti ha preso in odio la propria
carne; al contrario la nutre e la cura, come fa
Cristo con la Chiesa (Ef 5,29).*

L'evoluzione tecnologica ha creato una società tec-
nocratica. L'uomo si è proiettato in tutto ciò che da solo,

con le proprie forze, può realizzare, pensando in tal modo che nulla gli è impossibile. Si è ritenuto così autonomo dal potere divino.

Il processo storico sociale della secolarizzazione continua a generare nell'uomo una sorta di negligenza, un'indifferenza verso Dio, oscurando gli orizzonti spirituali.

La mondanità trasforma le anime, fa perdere la coscienza della realtà: vivono in un mondo artificiale, fatto da loro. La mondanità anestetizza l'anima (Papa Francesco, omelia Domus Sanctae Marthae 5 marzo 2015).

O amabile Padre,
se potessimo volgerci indietro
e ripercorrere il tempo a ritroso guardando te,
tutto cambierebbe colore!
Quanto alto è il costo della nostra negligenza spirituale!
Addebitiamo le nostre frustrazioni alle perdite,
alle delusioni affettive,
alle mancate realizzazioni nel lavoro,
alle incomprensioni relazionali,
all'eco del male che imperversa ovunque nel mondo
e invece siamo noi la causa di ogni nostro dolore.
Negligenti nel non pensarti, Padre,
nel non riconoscerti e onorarti,
nel non sottometterci a te con l'amore che ci hai donato.
Ma tu guariscici, mio Dio!
Dall'indolenza affettiva verso te, guariscici!
Tu, medicina e soluzione alle angosce,
sfiora le anime nostre,
risvegliale alla verità.

L'interiorità nascosta

L'uomo senza Dio non è. Non basta però enunciare tale verità che ha le sue radici nelle origini ancestrali dell'essere di ogni cosa. È necessario averne la percezione e approdare alla conoscenza intellettiva e affettiva di questa verità. È necessario risvegliare la sopita sensibilità spirituale attraverso l'esperienza dell'incontro dell'uomo con Dio.

> *Difatti lo spirito del Signore riempie l'universo*
> *e, abbracciando ogni cosa, conosce ogni voce*
> *(Sap 1,7).*

L'uomo è il segno e l'espressione vitale della comunicazione intelligente che Dio ha voluto fra terra e cielo.

> *In primo luogo c'è da notare che, se l'anima cerca*
> *Dio, molto più il suo Amato cerca lei* (SAN GIOVANNI DELLA
> CROCE, *Opere, Fiamma viva d'amore A, strofa 3.27*).

Poiché tutta la natura è composta di particelle esplose dall'amore divino, l'uomo può riscoprire se stesso solo reintegrandosi in tutta la creazione, altrimenti rischia di perdersi vivendo fuori di sé.

Nella natura noi facciamo esperienza della bellezza attraverso l'osservazione della perfezione. Il nostro avvicinarci alla natura per ascoltarla ci rivela l'unica origine, spiegandoci che abbiamo con essa in comune l'impostazione strutturale e quindi le leggi fisiche e la poesia dell'anima.

In più siamo dotati di spirito, per cui oltre all'anima sensitiva, comune a tutti gli esseri viventi, abbiamo, in virtù del nostro spirito, la capacità intellettiva. Questa capacità ci rende idonei a coltivare il bello e il bene attraverso tutto ciò che vive nel mondo naturale e che si manifesta ai nostri sensi.

In seguito a queste manifestazioni, gustate nel silenzio interiore, la natura ci ispira inducendoci a comprendere e a far nostro il concetto della vita in tutta la sua forza di verità e di bene.

> *Quelle cose che occhio non vide, né orecchio udì, né mai entrarono in cuore di uomo, queste ha preparato Dio per coloro che lo amano. Ma a noi Dio le ha rivelate per mezzo dello Spirito. Lo Spirito, infatti, scruta ogni cosa, anche le profondità di Dio. Chi conosce i segreti dell'uomo se non lo spirito dell'uomo che è in lui? Così anche i segreti di Dio nessuno li ha mai potuti conoscere se non lo Spirito di Dio. Ora, noi non abbiamo ricevuto lo spirito del mondo, ma lo Spirito di Dio per conoscere tutto ciò che Dio ci ha donato (1Cor 2,9-12).*

O amabile Padre,
hai atteso che maturasse il tempo
in cui io ti scoprissi nel mio cuore.
Ecco, rinasco ai miei occhi tua creatura.
Non mi spaventano più le oscurità del tempo,
né ti chiedo dove mi conduci, Padre.
Mi basta sapere che tu sei con me.
La mia libertà si libera in te
e mi porta felicemente nelle tue vie.
Tutto della mia umana natura voglio riportare a te, mio Dio,
tutto rimettere alla perfezione di ogni cosa creata.
Voglio ricomporre il mio essere
dentro l'ordine della tua opera.
Nella tua sapienza desidero ritrovarmi,

alla tua paternità sottopormi.
Solo in te non mi snaturo,
perché sei tu che hai stabilito la mia stessa natura.
Tua è la mia vita.
Nella tua mente è l'ora del mio nascere e del mio morire.
Nella tua giustizia la mia giustizia,
nel tuo amore la mia pace,
nelle tue cure il mio riposo.

La natura, quindi, ci accompagna a capire e a vivere la simbiosi fra l'uomo e gli elementi naturali. In tal modo noi impariamo ad apprezzare e curare la vita naturale del creato come pure la nostra vita personale.

Pertanto è necessario muoversi in coerenza con le leggi che regolano la natura. Tali leggi sono le stesse che qualificano le ragioni essenziali della nostra vita.

Nella natura l'uomo ritrova la propria dimensione e si accorge di come il creato sia per l'uomo stesso e sia insito in esso. Osservato in tutta la sua magnificenza e nella sua vita diveniente, il creato induce l'uomo a riflettere sulle onde placide e su quelle tumultuose della vita.

Comprendiamo quindi quanto sia fondamentale per la vita dell'uomo, per la sua realizzazione e per la sua felicità imparare a sentire il respiro della natura, ascoltarla e cibarsene. Ciò servirà a ristabilire l'equilibrio nella propria anima.

L'educazione ambientale ora tende a recuperare i diversi livelli dell'equilibrio ecologico: quello interiore con se stessi, quello solidale con gli altri, quello naturale con tutti gli esseri viventi, quello spirituale con Dio (cfr. PAPA FRANCESCO, Laudato sì, n.210).

Sostanzialmente si rende più facile interpellare la materia anziché interpellare l'ignoto, che pure vive dentro la vita stessa. Uomo incompreso, che non comprende neppure se stesso! Nulla gli si potrà rendere limpido se non cerca il suo vero habitat naturale.

L'uomo che non considera e non coltiva il legame con la sua origine celeste resta incompreso nel proprio intimo e ha necessità di darsi una forma, un'idea di sé in cui potersi ritrovare. Se la configura in base alle cose che gli servono e che lo asservono e per questo interpella la materia e tutto ciò che le è correlato. In tal modo si costruisce un'identità al di fuori di sé, al di fuori della vita vera ed eterna che è l'habitat del suo spirito.

> *Ha messo la nozione dell'eternità nel loro cuore (Qo 3,11).*

> *Poiché la vita si è fatta visibile, noi l'abbiamo veduta e di ciò rendiamo testimonianza e vi annunziamo la vita eterna, che era presso il Padre e si è resa visibile a noi (1Gv 1,2).*

L'uomo si è costruito una montagna di diritti propri e di sovrastrutture per darsi da sé una sicurezza statica. Ma il vero non è statico e lui dovrà cercarlo al di sotto di tale montagna, dove egli ha sepolto le realtà invisibili con cui non riesce a confrontarsi, avvezzo com'è a fondare le sue sicurezze nelle cose materiali.

Il nostro orecchio interno deve abituarsi a sentire il continuo movimento vitale che abita il nostro spirito e che è lo stesso che anima l'universo.

Questo è il movimento che ci sostenta e ci governa, poiché riguarda l'ordine delle cose soprannaturali che racchiudono il senso dell'essere. Tale movimento sonoro ci dice chi siamo e si manifesta all'orecchio interno come l'habitat naturale proprio di ognuno di noi. Il senso della nostra esistenza può aprirsi alla nostra percezione solo quando noi ci disponiamo ad ascoltare questo silenzio parlante che racchiude le verità eterne nascoste dai rumori della vita terrena e dall'iperattività della nostra mente.

> *Nella creazione l'uomo deve contemplare, cantare, ritrovare lo stupore. Nella società contemporanea si diventa aridi «non per mancanza di meraviglie, ma per mancanza di meraviglia» (G.K. Chesterton) (Giovanni Paolo II, ud. gen. 26 gennaio 2000).*

O amabile Padre,
ti cerco, guardando verso l'alto
e tu mi rispondi dal mio cuore.
Ti tendo le braccia e sono già dentro il tuo abbraccio.
Mi perdo fra le cose del mondo e tu mi riempi l'anima di cielo,
il cuore di pace, la mente delle tue sante ragioni.
Hai vinto, mio Dio!
Tu, il Vittorioso per natura, hai vinto ogni mia resistenza.
Parlami, Presenza sfuggente che ti celi e ti riveli,
eterna Verità, giorno senza tramonto,
Voce autorevole che taci per farti ascoltare,
Luce che ti nascondi dietro l'ombra del tempo,
mistero mai afferrato e sempre conosciuto!
Parlami!
Fammi ascoltare il suono delle tue parole!

LA VITA INTERIORE
E IL SUO EQUILIBRIO

Nella sua armonia con l'uomo
il creato canta l'amore

Tutta la natura vive dell'energia vitale che da Dio
promana. Egli, che è Energia in se stesso, ha portato a
termine ogni opera. Oltre la sua Essenza, è il nulla.

*Il Signore ha stabilito nel cielo il suo trono
e il suo regno abbraccia l'universo (Sal 103,19).*

Misterioso e familiare, il linguaggio di Dio parla al nostro cuore attraverso i luoghi e i volti del creato.
Nel silenzio, che la natura raccoglie, il nostro Padre
divino ci parla.

*La via di Dio è perfetta,
la parola del Signore è purificata con il fuoco.
Egli è lo scudo di quelli che si rifugiano in lui
(2Sam 22,31).*

*Spirito di saggezza e d'intelligenza,
Spirito di consiglio e di forza,
Spirito di conoscenza e di timore del Signore
(Is 11,2).*

*O amabile Padre,
mio divin Signore, ho bisogno di te.
L'anima mia trova solo in te quello che in segreto spera,
di te ha l'impronta, di te la memoria, di te la sostanza.
Ti appartengo da prima che nascessi.
Hai nascosto nel mio cuore
una segreta inquietante tensione verso di te.
Il mio spirito impaziente imbocca strade dove tu non sei,
ma tu non celarmi il tuo volto, ti prego!
Ho bisogno di te, Luce nel mio buio,
Speranza nei miei dubbi, Forza nelle mie fragilità.*

Dio, l'Essere perfetto, l'Assoluto, ha generato con amore e per amore.

Dio appartiene a tutti e non a un solo uomo o a pochi uomini, allo stesso modo il creato è di tutti e per tutti.

Chi sa ascoltare la natura non potrà mai commettere vandalismo né umano né ecologico.

C'è un solo soffio vitale per tutti (Qo 3,19).

Rivestitevi, come amati da Dio, santi e diletti, di sentimenti di misericordia, di bontà, di umiltà, di mansuetudine, di pazienza (Col 3,12).

O amabile Padre,
se l'uomo amasse somigliarti!
Risuonerebbe la verità dell'eterno per le strade del mondo,
la materia tornerebbe ad essere sottomessa allo spirito
e non si dovrebbe aspettare di morire per essere felici.
Se l'uomo amasse somigliarti,
farebbe del suo tempo una caparra per l'eternità,
verrebbero demoliti tutti gli altari eretti dal denaro,
la giustizia avrebbe ragione sulla disonestà,
le malattie psichiche scomparirebbero per sufficienza d'amore,
la terra tornerebbe ad essere florida.
Se l'uomo amasse somigliarti,
vivrebbe questa vigilia terrena
in tutta la sua verità di bellezza e d'amore,
non disperderebbe il suo tempo in facili illusioni,
per poi abbattersi e disperarsi,
valuterebbe il benessere che gli procura conoscerti,
amarti e seguirti.

Se l'uomo amasse somigliarti, o amabile Padre,
gusterebbe la tua Presenza ovunque nel mondo,
ti riconoscerebbe negli altri viandanti come lui,
non avrebbe altre attese che non abbiano già risposta in te
che doni pacifica gioia e felice compimento ad ogni bene.
Se l'uomo amasse somigliarti,
anche questo mondo ti somiglierebbe.

Camminando per i luoghi suggestivi dell'ambiente naturale fra acqua, pietre e alberi, l'udito si acuisce e quello
spazio d'immenso colloca l'uomo nella nicchia terrena
della soave umiltà di sentire. Lì, in quell'ambito e con
quello spirito, l'uomo comprende la verità e il senso della
propria esistenza. Comprende chi egli è e chi Dio è.

Non conformatevi alla mentalità di questo secolo,
ma trasformatevi rinnovando la vostra mente,
per poter discernere la volontà di Dio, ciò che è
buono, a lui gradito e perfetto (Rm 12, 2).

O amabile Padre,
la tua volontà si svela a tratti nella storia del mondo,
come in quella di ogni uomo.
Scende nella valle del tempo,
si fa strada fra gli arbusti, si cela nei boschi
per ricomparire fra le vette dei monti,
così come oltre le cime dei nostri pensieri.
L'uomo preferisce parlarne, immaginarla,
tentare perfino di indovinarla,
ma mai riconoscerla e adottarla come propria.
Non rinuncia a tenere lui le redini della propria vita

né intende distaccarsi dai desideri propri per aderire ai tuoi.
È tuo figlio, eletto e reso tuo erede
nel tuo figlio Unigenito, riscattato a questa sublime eredità
per il Suo estremo sacrificio,
ma non vuole te al timone, preferisce guide estranee a te.
Così perde il proprio bene
e l'incanto di essere e sentirsi tuo.
Amabile è invece la tua volontà, Padre,
amabile è accoglierla come propria
credendo in te, centro e fulcro della nostra vita.
Amabile è accettare le tue sapienti disposizioni
senza la presunzione di giudicarle.
Amabile è riconoscere la propria miopia
e vivere serenamente di te nella verità e nella pace,
progettare con i tuoi progetti e guardare al futuro con fiducia,
sicuri che tutto alla fine troverà in te e per te
la sua migliore realizzazione.

Ritrovandoci nella pace degli ambienti naturali comprendiamo il legame intrinseco che ci lega a tutta la creazione e il ruolo collaborativo che abbiamo per il fatto di essere in tutto il creato le uniche creature intelligenti. A immagine di Dio, infatti, siamo stati creati per capire, sognare e partecipare alla sua opera.

E che opera è quella di Dio? Opera d'amore e di intelletto, dove l'intelletto spiega l'amore e l'amore canta la vita.

Quale felicità racchiude il disegno di Dio che ci vuole cooperatori dell'opera sua!

Tutta la creazione canta l'opera di Dio e l'uomo, elemento principe del creato, nel cantarlo lo impersona.

L'Amato è le montagne,
le valli solitarie e ricche d'ombra,
le isole remote,
le acque rumorose,
il sibilo delle aure amorose;

È come notte calma,
molto vicino al sorger dell'aurora,
musica silenziosa,
solitudin sonora,
e cena che ristora e che innamora (SAN GIOVANNI
DELLA CROCE, Opere, Cantico spirituale, strofe 14,15).

Non concedere spazio ai pensieri amari, oscuri.
Ama le persone. Amale ad una ad una.
Ogni bambino che nasce è la promessa di una
vita che ancora una volta si dimostra più forte
della morte. Ogni amore che sorge è una potenza
di trasformazione che anela alla felicità.
Questo mondo è il primo miracolo che Dio ha
fatto, e Dio ha messo nelle nostre mani la grazia
di nuovi prodigi. Credi all'esistenza delle verità
più alte e più belle. Opera la pace in mezzo agli
uomini, e non ascoltare la voce di chi sparge odio
e divisioni. Nei contrasti, pazienta: un giorno sco-
prirai che ognuno è depositario di un frammento
di verità.
Se ti colpisce l'amarezza, credi fermamente in
tutte le persone che ancora operano per il bene:
nella loro umiltà c'è il seme di un mondo nuovo. Frequenta le persone che hanno custodito il
cuore come quello di un bambino. Impara dalla
meraviglia, coltiva lo stupore.
Vivi, ama, sogna, credi.
La speranza ci porta a credere all'esistenza di una
creazione che si estende fino al suo compimento
definitivo, quando Dio sarà tutto in tutti (cfr. Papa
Francesco, udienza generale 20/09/2017).

O amabile Padre,
le anime toccate da te
vogliono accendere la terra del fuoco tuo.
Soccorrono, consolano, rianimano.
Vestite a festa salgono sulla Croce,
dove fondono amore e dolore sulla fornace del tuo Cuore.
Del tuo amore abbracciano il mondo.
Stupiscono nel vedere il creato
e, nel meravigliarsi,
meravigliano chi le guarda.
Come è bello, Padre!
Sono tornate al tempo dell'infanzia.

Silenzio ed equilibrio

La solitudine e il silenzio aiutano a rientrare in sé e a ritrovare la strada della vita, ancor più se c'è la volontà e l'educazione a rintracciare in se stessi la voce della coscienza che riporta ai codici morali naturali.

> Nell'intimo della coscienza l'uomo scopre una legge che non è lui a darsi, ma alla quale invece deve obbedire. Questa voce, che lo chiama sempre ad amare, a fare il bene e a fuggire il male, al momento opportuno risuona nell'intimità del cuore: fa questo, evita quest'altro.
> L'uomo ha in realtà una legge scritta da Dio dentro al cuore; obbedire è la dignità stessa dell'uomo, e secondo questa egli sarà giudicato.
> La coscienza è il nucleo più segreto e il sacrario dell'uomo, dove egli è solo con Dio, la cui voce risuona nell'intimità.
> Tramite la coscienza si fa conoscere in modo mirabile quella legge che trova il suo compimento nell'amore di Dio e del prossimo (cfr. PAPA GIOVANNI PAOLO II, Veritatis splendor).

O amabile Padre,
tu guardi intimamente l'anima di ogni tua creatura.
La guardi e taci e il tuo silenzio le duole.
Ti basta un attimo, però,
un lampo di risveglio della sua coscienza
per recuperarla a te.
Allora, scossa, si ridesta in se stessa e cambia volto
e dimessa ti chiede perdono.
Si accende una nuova alba, viene una nuova sera.
La vita si muove dolcemente verso la sua Sorgente.

Per ristabilire l'ordine, l'equilibrio e la pace nel nostro spirito e quindi conseguenzialmente nella nostra psiche, non c'è altra via che disporsi ad ascoltare le onde sonore della vita eterna che vive in noi dalle nostre origini.

Fin dal suo nascere l'uomo è invitato al dialogo con Dio. Se l'uomo esiste, infatti, è perché Dio lo ha creato per amore e, per amore, non cessa di dargli l'esistenza; e l'uomo non vive pienamente secondo verità se non riconosce liberamente quell'amore e se non si abbandona al suo Creatore (PAOLO VI, Gaudium et spes, n.19).

Il silenzio è il luogo dove l'uomo può ritrovarsi.

Non dobbiamo avere paura di fare silenzio e di sostare in esso. Il silenzio, infatti, ci introduce all'ascolto della verità su di noi, che è verità amorevole e austera, verità che ci aiuta a portare alla luce e a far vivere quello che nel fondo del nostro cuore ognuno di noi riconosce come proprio.

Sto in silenzio, non apro bocca,
perché sei tu che agisci (Sal 38,10).

Io ti conoscevo solo per sentito dire,
ma ora i miei occhi ti hanno veduto (Gb 42,5).

Il silenzio solitario è il luogo in cui si spiega la vita e si ascolta la voce dell'amore, è il luogo in cui ogni uomo ritrova la sua intima identità.

Le note dell'interiorità umana hanno suoni sottili, che la vita terrena rende confusi e indecifrabili. È per questo motivo che possono ascoltarsi solo quando tutto tace, non solo fuori di noi ma anche in noi. È necessario, pertanto, raccogliersi con la ferma volontà di far tacere ogni voce mentale e auscultare il cuore.

*Il Padre pronunciò una parola, che fu suo Figlio
e sempre la ripete in un eterno silenzio; perciò in
silenzio essa deve essere ascoltata dall'anima (SAN
GIOVANNI DELLA CROCE, Spunti di amore, 21).*

Allora ci accorgeremo che tutto quel rumore che sembrava sostenerci, darci vita e motivo di azione e di pensiero occupava uno spazio abusivo nell'anima nostra.

Il silenzio e la solitudine sono i luoghi dell'intrattenimento con l'amore.

Un amore antico porta e accompagna la nostra vita, ma non è l'amore a cui siamo abituati a pensare. È piuttosto l'amore che dà vita all'essere e governa l'essere di ogni cosa. È quella forza propulsiva che è all'origine stessa della vita. E che questa forza sia una forza d'affetto noi lo intuiamo subito, perché nell'intimo ci sentiamo come accarezzati da una mano familiare che ci avvolge per intero. È il contatto con il calore del Cuore divino.

Disponendosi a questo ascolto ognuno di noi si accorge di quanto Dio sia desideroso di rivelarsi al suo cuore.

*Ho desiderato ardentemente di mangiare questa
Pasqua con voi (Lc 22,15).*

Il silenzio diventa quindi un'attrazione affettiva, uno stato che apre l'ingresso della grazia in noi.

Già dalla prima esperienza ci accorgiamo di questa fondamentale realtà che scopriamo essere vitale per noi. Di silenzio in silenzio, affiniamo l'udito interiore, riconosciamo come nostro il suono dell'amore e riconosciamo anche che è lo stesso suono che ha dato vita alla Creazione, di cui noi stessi siamo parte.

Il corpo emigra cambiando luogo, l'anima muo-
vendosi con l'affetto. Se ami la terra, ti estranei
da Dio; se ami Dio, sali verso Dio (S. AGOSTINO,
Esposizione sui Salmi 119, 8 [v 6.]).

A Dio non veniamo con ali o con i piedi, ma con
l'affetto (S. AGOSTINO, Discorso 344,1).

O amabile Padre,
nel silenzio che tutto avvolge, custodisce e spiega,
la tua Presenza si muove sovrana e parla di te.
In te ha ospitalità pacifica il cuore umano
e vi trova il sentiero della vita.
Si chetano i tumulti interiori,
ogni cosa torna al suo posto,
la quiete signoreggia e nella quiete tu racconti all'uomo
la sua storia.
Gli mostri le sue origini e gli indichi
il cammino verso la meta finale.
Allora l'uomo conosce sé in te e riconosce che solo in te
è la propria linfa vitale,
l'unica che può dargli l'energia per proseguire.
È allora che acconsente ad assoggettarsi a te
e a cooperare con te.
E tu lo imprimi sempre più della tua vita, Padre,
e fai sgorgare nel suo cuore volontà di opere di bene
e doni alla sua mente pensieri di luce.

Sovversione della naturalità dell'essere

Tutto il creato vive nell'armonia dell'amore che è l'armonia delle leggi naturali della vita. La naturalità dell'essere esiste in natura in se stessa, al di là di dove sensi e sentimenti possano portare l'uomo.

Non si possono confondere sensi e desideri con la naturalità originaria dell'essere presente e manifesta sia nell'ambiente esterno all'uomo che all'interno dell'uomo. Percorsi storici e culturali possono depistarla, se si smarriscono i riferimenti essenziali della vita, inducendo l'uomo a cadere facilmente trappola di ciò che non è.

La mente umana è bizzarra, i sensi si muovono in strade incontrollabili, i sentimenti subiscono vari impulsi e gli impulsi a loro volta non hanno un loro ordine. Ora l'ordine è al centro del concetto e del divenire stesso della vita. L'ordine costituito all'origine della vita stessa non può essere sovvertito. La sua originaria costituzione non può essere messa in discussione dalla mente umana che ha i suoi limiti. Del resto, il libero arbitrio non è per lo stravolgimento dell'essere ma per l'intelligenza e la tutela dell'essere. L'uomo non ha potere sull'essere e pertanto se dirige il libero arbitrio a modificare l'essere e il senso intrinseco della realtà, così come naturalmente esiste, stravolge il corso della vita stessa. In termini fattivi l'uomo può operare in qualsiasi maniera a lui piaccia ma, se opera sovvertendo un ordine che precede il suo stesso esistere e su cui il suo esistere è fondato, non potrà che ricavarne grande sofferenza. La sofferenza in tal caso non sarà di un solo uomo, essendo le sue cause culturali e sociali, ma investirà l'intera umanità penalizzando gravemente tutti gli uomini, anche quelli di buona volontà.

Ma tutto avvenga decorosamente e con ordine
(1Cor 14,40).

Perché Dio non è un Dio di disordine, ma di pace
(1Cor 14,33).

O amabile Padre,
tu ami immensamente ogni creatura.
Tutti tu ami e vuoi con te perché siano felici
e tutti cercano te per essere felici.
Ti cercano, però, sotto altri nomi.
Ti cercano nei volti del mondo,
nelle loro immaginazioni di felicità,
nel benessere costruito da mani d'uomo,
nei consigli di saccenti maestri.
Ti cercano in illuminazioni pensate dalla mente umana
e non vedono te che sei la Luce,
non cercano te che sei la Sapienza.
Pensano di trovarti in una pace artificiale, lontana da loro,
mentre tu, quando sei accolto in noi,
sei l'unica nostra vera Pace.
Un cuore senza lealtà pena in se stesso;
e così l'umanità redenta ripete i rituali errori di sempre.
Ti cercano, Padre della vita, causa e scopo del loro esistere,
ma non ti riconoscono, finché la tua Presenza non irrompe
nel vuoto delle loro coscienze addormentate,
come un baleno nel cuore della notte,
e si fa giorno e tutto è nuovo per ricominciare.

Quando cade la simbiosi tra il creato sottomesso all'uomo e la ragione del vivere dell'uomo, le leggi

61

dell'equilibrio interiore sprigionano onde disinteressate agli elementi costruttivi positivi, tali da inglobare nell'essere una sorta di vita fuori da ciò che è beneficamente naturale.

Quindi, l'uomo che rivendica la libertà di operare e di decidere fuori dell'ordine naturale di tale simbiosi fra terra e cielo si estromette da se stesso. Allora non solo egli soffre, ma la natura stessa soffre dello squilibrio umano.

> *La natura è espressione di un disegno di amore e di verità.*
> *Essa ci precede e ci è donata da Dio come ambiente di vita. Ci parla del Creatore (cfr. Rm 1,20) e del suo amore per l'umanità.*
> *L'ambiente naturale non è solo materia di cui disporre a nostro piacimento, ma opera mirabile del Creatore, recante in sé una "grammatica" che indica finalità e criteri per un utilizzo sapiente, non strumentale e arbitrario. Ridurre completamente la natura ad un insieme di semplici dati di fatto finisce per essere fonte di violenza nei confronti dell'ambiente e addirittura per motivare azioni irrispettose verso la stessa natura dell'uomo. Questa, in quanto costituita non solo di materia ma anche di spirito e, come tale, essendo ricca di significati e di fini trascendenti da raggiungere, ha un carattere normativo anche per la cultura (cfr. BENEDETTO XVI, Caritas in Veritate, n.51)*

O amabile Padre,
lontano da te il nostro spirito
entra in una sofferenza senza tregua.
Soffocato, preme in profondità e reclama il suo amor di patria.
È il languore indefinito e indefinibile che ammorba il mondo.
Più lo si vuol coprire, più duole.

L'uomo soffre senza amore da ricevere e ridonare.
Le ali dello spirito legate gli procurano un'agitazione febbrile.
Esaltazione e sconforto si susseguono,
mentre egli rincorre rendite amare, false ricchezze
che lasciano il cuore povero e appesantito di inutilità.
Egli nasconde l'umana debolezza e blocca il pianto
quasi fosse una vergogna.
E quelle lacrime, invece, mostrano nella fragilità
la tenerezza del suo essere.

Capitolo Terzo

L'AMORE È VITA

Un bimbo nasce da materia e spirito

Quando, nel concepimento, l'amore prende vita in una nuova creatura, esulta in cielo l'esercito degli Angeli sovrani degli innocenti. Esulta della gioia più eccelsa in un profondo amore.

Quando le due particelle si incontrano, è già anima. L'anima che prende forma vive il riflesso dell'amore dei coniugi. Prendendo forma nella carne, l'anima vive anche il riflesso delle loro gioie e dei loro dolori. È una piccola antenna molto sensibile anche al minimo fruscio della mente e del cuore.

È una vita spirituale ancestrale che si inserisce nella piccola anima ridente alla vita terrena.

È necessario nella maternità fecondata un saggio comportamento e una salutare azione mentale.

La donazione o il rifiuto infatti vengono concepiti totalmente dall'anima, che gioisce o soffre.

Il concepimento è già una vita. Molti cessano la vita in se stessi e allora gli Angeli degli innocenti recuperano le piccole anime dalla loro vita in cammino e le portano nel giardino fiorito dove resteranno sempre purissimi spiriti. Essi vivono l'Amore perenne e donano forza d'amore alle anime bisognose.

L'amore degli innocenti è puro, candido e trasparente. Nelle loro anime non riconoscono coloro che hanno dato loro il soffio della vita e poi l'interruzione del cammino. Essi hanno un solo padre: l'Amore e la Luce, e come madre le cure amorevoli della nostra Madre celeste.

Nell'interruzione le piccole anime soffrono dell'amputazione a loro recata. È per questo che gli Angeli degli innocenti sono presso di loro, affinché non si smarriscano nel dolore. Esse, quando arrivano nelle braccia d'amore degli

Angeli, non ricordano più l'interrotto cammino terreno. Gli uomini abbiano pietà di questi piccoli esseri che egoisticamente vengono strappati al diritto di vita in terra. Altro è l'interruzione naturale per cause fisiche. Queste anime, invece, restano legate ai loro genitori terreni con il filo sottile dell'amore e nell'amore pregano per i propri cari, poiché non è stata inferta alcuna ferita all'amore.

Al mio nascere tu mi hai raccolto,
dal grembo di mia madre sei tu il mio Dio (Sal 22,11).

Le nostre giornate ci portano ad altalene continue per i compromessi della terra. Ma se noi manteniamo la volontà di restare uniti a Dio, l'aiuto celeste non mancherà ad arrivare.

Riconoscete dunque che il Signore vostro Dio è
Dio, il Dio fedele, che mantiene la sua alleanza e
benevolenza per mille generazioni, con coloro che
l'amano e osservano i suoi comandamenti (Dt 7,9).

Il Signore tuo Dio circonciderà il tuo cuore e il
cuore della tua discendenza, perché tu ami il
Signore tuo Dio con tutto il cuore e con tutta
l'anima e viva (Dt 30,6).

O amabile Padre,
solo le tue Mani di divino Creatore
possono regolare la vita della tua creatura,
perché ne conoscono l'impasto,
ne hanno originato la struttura,
infuso l'impulso vitale e determinato le funzioni.
Nati dal tuo amore, Padre, siamo fatti per amarti,
eppure cerchiamo altrove l'amore che solo tu puoi darci.

69

E tu, che ti curi profondamente di noi,
provvedi ai nostri bisogni,
previeni i nostri inciampi, ripari i nostri errori,
attendi silenzioso e paziente che ci volgiamo a te.
Per lunghi anni e spesso per la nostra intera vita terrena,
attendi.
E noi, lontani da te, non ti pensiamo.
Solo quando, per le tue provvide e nascoste vie,
il nostro sguardo si volge a te,
scopriamo con grande meraviglia che tu, provvidenza infinita,
eri da sempre in noi e aspettavi che ci accorgessimo di te.
Ed è allora, Dio delle meraviglie,
che il pentimento e la gratitudine d'un momento
coprono ai tuoi occhi misericordiosi
le mancanze di un'intera vita.

Attraverso il nostro amore reciproco, uniti all'amore di Dio, permetteremo che Dio agisca attraverso noi nella storia. Questo nostro stato unitivo permette la collaborazione fra Dio e l'uomo.

Uomo, ti è stato insegnato ciò che è buono
e ciò che richiede il Signore da te:
praticare la giustizia,
amare la pietà,
camminare umilmente con il tuo Dio (Mi 6,8).

O amabile Padre,
se penso quanto dolce risuona in cielo il mio piccolo "sì",
mi affretto a ripeterne tanti nella mia giornata.
L'anima mia altro non desidera che compiacerti.

Se penso che tu aspetti il mio "sì"
come il creato attende la frescura di una goccia di rugiada,
considero già superato
ogni mio desiderio diverso da ciò che tu vuoi.
Che cos'è il nostro "sì", Signore, a cospetto di quanto ci doni?
Quale piccola cosa è la nostra generosità
a cospetto della tua eterna misericordia!
Nell'indicibile tenerezza del tuo Cuore scopro
il tuo ardente desiderio di farti conoscere quale sei:
Bontà infinita e nostra eterna felicità.

Ricordiamo sempre che dove noi non possiamo Dio può, dove noi non siamo Egli è, dove noi non vediamo Egli vede.

> *Confida nel Signore con tutto il cuore*
> *e non appoggiarti sulla tua intelligenza;*
> *in tutti i tuoi passi pensa a lui*
> *ed Egli appianerà i tuoi sentieri.*
> *Non credere di essere saggio,*
> *temi il Signore e sta' lontano dal male (Pr 3,5-7).*

In noi e fra noi dovranno esserci solo sentimenti puri, che ci portano a vivere in Dio e a fidarci di Lui. Allora non avremo nulla da temere e Dio stesso ci donerà il coraggio necessario a percorrere con rettitudine le strade che ci si aprono, affrontando anche eventi che ci trovano impreparati.

> *Se diciamo che siamo in comunione con lui e*
> *camminiamo nelle tenebre, mentiamo e non*
> *mettiamo in pratica la verità. Ma se camminiamo*
> *nella luce, come egli è nella luce, siamo in comu-*
> *nione gli uni con gli altri (1Gv,6-7).*

71

O amabile Padre,
non permettere che i miei sentimenti
rimangano intrappolati
nella transitorietà delle cose terrene,
né che io le serva,
ma piuttosto me ne serva per glorificare te.
Legami a te, Padre.
Voglio amarti senza condizioni.
Donami un cuore liberato da ogni angoscia,
da ogni preoccupazione, da ogni timore vano,
un cuore umile e mite, intriso d'amore,
che abbia i tratti della tua carità,
capace di contemplarti anche nei volti degli altri,
un cuore che sappia ascoltare
il gemito del povero e il grido del disperato,
che sappia amare anche il nemico senza riserve.
Donami, Padre,
un cuore che sappia affrontare con coraggio
le realtà che mi spaventano,
un cuore sereno e gioioso
che sappia riconoscerti nel creato e in ogni uomo,
anche dove tutto vuole oscurarti.

L'amore è la sostanza vitale dell'uomo

L'uomo non sa amare se stesso, perché utilizza la conoscenza del sapere unicamente da un complesso di realtà materiali, mentre in lui il primato è dello spirito. È la materia che va assoggettata allo spirito e non viceversa, come accade quando l'amarsi è di proprietà assoluta della materia.

O non sapete che il vostro corpo è tempio dello Spirito Santo che è in voi e che avete da Dio, e che non appartenete a voi stessi? (1 Cor 6,19).

O amabile Padre,
senza te non c'è futuro
ma non c'è neanche presente.
Che cos'è, Padre, la vita dell'uomo
senza te che lo tieni in vita?
L'hai voluto vivo per sempre.
E, se lui ti sfugge,
ammaliato dalle cose che passano,
tu lo cerchi,
lo rincorri,
lo percuoti per svegliarlo.
Attendi il suo ritorno
come se senza di lui tu non potessi stare.
Padre buono,
manchiamo noi più a te di quanto tu manchi a noi.

L'uomo non può comprendere l'amore se non ne assoggetta l'idea alla sua Sorgente, che è Dio.

Questo assoggettamento, però, l'uomo non lo vuole, né vuole ammettere di dipendere da una realtà imperscru-

tabile. Per assoggettarsi infatti a Dio, egli dovrebbe rico-
noscerne la superiorità e accettarne l'incomprensibilità.

Prima del tuono viene la folgore,
la grazia precede l'uomo modesto (Sir 32,10).

Cercate il Signore
voi tutti, umili della terra,
che eseguite i suoi ordini;
cercate la giustizia,
cercate l'umiltà
per trovarvi al riparo
nel giorno dell'ira del Signore (Sof 2,3).

O amabile Padre,
infinitamente buono tu sei.
Ci hai dato dei limiti
ma noi travalichiamo ogni limite.
Usiamo la nostra ragione sopra le tue ragioni,
portiamo avanti il nostro pensiero
sorpassando i tuoi pensieri.
Ti attribuiamo parole che non hai detto,
azioni che non hai fatto.
Dimentichiamo che ci sei Padre,
che hai forgiato le nostre ossa,
animato il nostro spirito,
contato i nostri passi.
Tu, Sovrano di ogni tempo,
sei tenuto fuori dal nostro tempo;
potente Direttore delle sorti dell'umanità,
non sei nominato nelle pagine della storia.
Tu, che sei la Luce, sei relegato nell'ombra.

L'uomo vuole possedere nella sua intelligenza il senso delle cose e tale senso concepisce e orienta in vie distorte. Così accade per l'interpretazione dell'amore, che scade dalla sua essenza sostenitiva dell'essere.

> Non valutatevi più di quanto è conveniente valutarsi, ma valutatevi in maniera da avere di voi una giusta valutazione, ciascuno secondo la misura di fede che Dio gli ha dato (Cor 12,3).

> Non moltiplicate i discorsi superbi,
> dalla vostra bocca non esca arroganza;
> perché il Signore è il Dio che sa tutto
> e le sue opere sono rette (1Sam 2,3).

> Egli concede a chi gli è gradito sapienza, scienza e gioia (Qo 2,26).

O amabile Padre,
la tua creatura, che appena formata
guardasti con occhi innamorati e compiaciuti,
si alzò giudice sulle cose del mondo venute dalla tua Mano.
Volendo rubare a te il potere,
non poté depredarti, come avrebbe voluto,
ma se ne diede uno proprio: fare a meno di te.
Così perse la purezza del cuore e con essa
la spensieratezza, la felicità e l'amore.
Tu le preservasti in fondo all'anima una zona franca,
un campo in cui lei nulla può
ma dove Tu, invocato, tutto puoi.
È l'angolo della propria coscienza,
in cui lei percepisce il proprio limite.
Felice l'attimo in cui l'uomo,

nello scoprire la sua impotenza,
si volge a Te, Onnipotente Dio,
ti riconosce e a te s'inchina!

Dio è amore inteso come energia di desiderio da cui scaturisce il bene creato.

Dio, per amore, continua la sua creazione in ogni forma di bene che prende vita.

> *Egli custodì la legge dell'Altissimo,*
> *con lui entrò in alleanza.*
> *Stabilì questa alleanza nella propria carne*
> *e nella prova fu trovato fedele.*
> *Per questo Dio gli promise con giuramento*
> *di benedire i popoli nella sua discendenza,*
> *di moltiplicarlo come la polvere della terra,*
> *di innalzare la sua discendenza come gli astri*
> *e di dar loro un'eredità da uno all'altro mare,*
> *dal fiume fino all'estremità della terra (Sir 44,20- 21).*

Quando Dio creò l'uomo e la donna, il fine era l'unione e il moltiplicarsi con la genuinità dell'amore perpendicolare, quell'amore cioè che scende dal cielo per irrorare la terra animando di sé ogni cosa e in primis il cuore umano. Posto al di fuori di questo amore perpendicolare, l'uomo è distolto dal suo basamento spirituale.

> *Se il Signore non costruisce la casa,*
> *invano vi faticano i costruttori.*
> *Se il Signore non custodisce la città,*
> *invano veglia il custode.*
> *Invano vi alzate di buon mattino,*
> *tardi andate a riposare*
> *e mangiate pane di sudore:*
> *il Signore ne darà ai suoi amici nel sonno*
> *(Sal 127,1-2).*

O amabile Padre,
è l'alba di un nuovo giorno.
Hai vegliato su di me tutta la notte.
All'ombra dei rumori e delle luci
hai vegliato teneramente su di me.
Tu guardi le tue creature mentre dormono,
le guardi nell'intervallo di pausa
alle offese che portano al tuo cuore.
Sei tu che provvedi ad ogni cosa per loro
ma esse pensano che il proprio bene
provenga dalle loro abilità.
Non tu al centro dei loro pensieri, non tu.
Costruiscono e idolatrano
l'immagine artificiosa di se stesse,
invece di cercare e onorare la tua.
Stolti e forestieri a se stessi,
i tuoi figli si suggestionano fra loro,
inseguono parvenze di vita,
soffrono per tutto ciò che da se stessi si infliggono.
Vogliono sentirsi vivi ma non lo sono,
né possono accorgersi di non esserlo,
impegnati come sono a coprire il proprio lutto.
Assordati dai rumori di un mondo funesto,
dove festini e luminarie coprono
il loro stesso annuncio di morte,
restano determinati a non volgersi a te.
E tu, l'Amore dimenticato,
attendi la notte per coglierli nel sonno
e piangere sul loro cuore assopito.

Ma un giorno il tuo pianto li sveglierà.
E quando, pentiti, si troveranno
dentro il tuo abbraccio di Padre divino,
sarà la tua misericordia
a far scendere il pianto sul loro volto.
E saranno lacrime di commozione.

Il tempo e la scoperta di nuovi orizzonti hanno maturato nell'uomo il gusto di sentirsi assoluto, senza dipendere dall'amore perpendicolare.

Stiamo perdendo l'atteggiamento dello stupore, della contemplazione, dell'ascolto della creazione; e così non riusciamo più a leggervi quello che Benedetto XVI chiama "il ritmo della storia di amore di Dio con l'uomo". Noi stiamo vivendo un momento di crisi; lo vediamo nell'ambiente, ma soprattutto lo vediamo nell'uomo. E il pericolo è grave perché la causa del problema non è superficiale, ma profonda: non è solo una questione di economia, ma di etica e di antropologia (cfr. Papa Francesco; udienza generale 5 giugno 2013).

Dio Padre lungo la storia dell'umanità ha inviato profeti per riprendere i duri di cuore, ma non sono stati ascoltati.

Talvolta nei riguardi di un popolo o di un regno io decido di sradicare, di abbattere e di distruggere; ma se questo popolo, contro il quale avevo parlato, si converte dalla sua malvagità, io mi pento del male che avevo pensato di fargli. Altra volta nei riguardi di un popolo o di un regno io decido di edificare o di piantare, ma se esso compie ciò che è male ai miei occhi non ascoltando la mia voce, io mi pentirò del bene che avevo promesso di fargli (Ger 18,7-10).

O amabile Padre,
difficile da vivere e da comprendere è questo tempo ingrato.
Continui compromessi distolgono dalla tua sapienza
e lasciano inesaudita la domanda di giustizia.
Tu hai predisposto tutto
affinché l'uomo vivesse una vita serena
in cooperazione con te.
Ma lui ha preferito stravolgere ogni ordine stabilito da te,
affidarsi a leggi proprie e così darsi e dare la morte,
invece di promuovere la vita.
Tronfio di sé, l'uomo d'oggi è vittima e artefice
dei propri dolori esistenziali.
Abusivo padrone della storia, tutto riconduce a sé,
smarrendosi così in ciò che passa.
Si gonfia di ridicolo vanto,
cerca adulazioni e considerazioni da quanti come lui
operano nel teatro di questa vita,
persegue la sua gloria nella scena del mondo.
Non pensa che il suo vanto è avere Dio per Padre.
Onora sé invece che te.
Affollate sono le platee, affollati i palchi.
Tu, il legittimo proprietario della gloria,
non trovi posto nemmeno dietro le quinte.

Staccandosi dall'amore che gli ha dato origine, l'uomo intraprende percorsi impervi che lo allontanano da sé. Offuscato dall'attrazione materiale fine a se stessa, infatti, egli abbandona lo spirito perdendo così la strada naturale dell'amore. In tal modo egli si priva della felicità che Dio nell'atto creativo aveva previsto per lui. Da qui le divisioni e le sofferenze che ne conseguono.

> *Non siate come i vostri padri, ai quali i profeti*
> *di un tempo andavan gridando: «Dice il Signore*
> *degli eserciti: Tornate indietro dal vostro cammino*
> *perverso e dalle vostre opere malvagie!» Ma essi*
> *non vollero ascoltare e non mi prestarono atten-*
> *zione, dice il Signore (Zc 1,4).*

O amabile Padre,
perdona il nostro vivere autonomo,
distante dal tuo richiamo d'amore,
la dimenticanza dei nostri limiti
e l'eccessiva fiducia nelle nostre ragioni,
il nostro insistente ascoltare noi stessi invece di ascoltare te,
la nostra rincorsa verso lucciole di bene
a cui leghiamo le nostre passioni, quando solo tu sei il Bene.
Perdona la nostra indifferenza
di fronte all'evidenza della tua Presenza
e alla generosità della tua provvidenza,
il nostro legarci a vani rimpianti
e le nostre lacrime senza pentimento.
Perdona, Padre, i nostri continui scoraggiamenti,
nonostante tu sia la nostra speranza.
Perdona il nostro colpevolizzare gli altri delle nostre sofferenze,
dimenticando quello che noi procuriamo loro.
Tutti indistintamente vittime e colpevoli di mancanza d'amore,
trafitti, trafiggiamo,
chiusi in noi stessi, chiudiamo le porte dei nostri cuori agli altri.
Ma tu perdonaci, Padre,
perdona il nostro persistere in questi peccati
anche dopo averli conosciuti e riconosciuti.

La natura e l'amore

Il cibo che nutre lo spirito è proprio l'amore, l'amore semplice, unico, umile, caritatevole.

L'uomo non può vivere senza amore. Egli rimane per se stesso un essere incomprensibile, la sua vita è priva di senso, se non gli viene rivelato l'amore, se non si incontra con l'amore, se non lo sperimenta e non lo fa proprio, se non vi partecipa vivamente (GIOVANNI PAOLO II, Redemptor Hominis n.10).

La carità non abbia finzioni: fuggite il male con orrore, attaccatevi al bene; amatevi gli uni gli altri con affetto fraterno, gareggiate nello stimarvi a vicenda. Non siate pigri nello zelo; siate invece ferventi nello spirito, servite il Signore (Rm 12,9-11).

La carità è paziente, è benigna la carità; non è invidiosa la carità, non si vanta, non si gonfia, non manca di rispetto, non cerca il suo interesse, non si adira, non tiene conto del male ricevuto, non gode dell'ingiustizia, ma si compiace della verità. Tutto copre, tutto crede, tutto spera, tutto sopporta. La carità non avrà mai fine (1 Cor 13,4-8).

L'amore puro, anche quando si esplicita nella materia, non appartiene alla materia. Esso considera solo l'effetto del ritorno in amore.

Il concetto e la verità dell'amore sono chiari e albergano nella semplicità. Complicato, invece, è tutto ciò che l'uomo vuole forzare quando vuole portare il proprio vivere lì dove crede di raggiungere le proprie soddisfazioni.

La sessualità esercita un'influenza su tutti gli aspetti della persona umana, nell'unità del suo corpo e della sua anima. Essa concerne particolarmente l'affettività, la capacità di amare e di procreare, e, in un modo più generale, l'attitudine ad intrecciare rapporti di comunione con altri.

Spetta a ciascuno, uomo o donna, riconoscere ed
accettare la propria identità sessuale. La differen-
za e la complementarità fisiche, morali e spirituali
sono orientate ai beni del matrimonio e allo svi-
luppo della vita familiare. L'armonia della coppia
e della società dipende in parte dal modo in cui si
vivono tra i sessi la complementarità, il bisogno
vicendevole e il reciproco aiuto (cfr. Catechismo
della Chiesa cattolica, parte terza, sezione seconda, cap.II , art.6).

O amabile Padre,
tu non governi perentoriamente
ma regni con amore, nell'amore e per amore
e così ci mostri gli attributi dell'amore,
la sua sublimità e il suo alto valore di fondamento della vita.
Presenza eterna e viva di Persona,
Parola e Verità, Pienezza di ogni bene,
tu ci sorprendi sempre con il tuo amore
e attendi la nostra gratitudine come nostra risposta d'amore.
Tu, che ci desideri tutti per te,
attendi che noi ti desideriamo quale tutto per noi.
O Amore mai sufficientemente riconosciuto,
con occhi innamorati ci guardi e pazientemente attendi.
Attendi il nostro sguardo di figli,
come una fonte di ristoro per il tuo cuore acceso e trafitto.
Attendi i nostri pensieri grati e fiduciosi
per raccoglierli come i primi fiori di primavera.
Non tralasci ogni nostro pur piccolo segno d'amore,
per intingerlo nel tuo fuoco
e accendere in noi maggiore zelo per te.
Ci porgi il tuo braccio divino

per risollevarci tutte le volte che cadiamo.
E poi, di nuovo, ti fai da parte e attendi
una nostra promessa, una buona intenzione,
uno slancio d'amore
per accoglierci ancora una volta nel tuo abbraccio divino,
dimenticare il nostro passato lontano da te
e trattenerci nell'abisso della tua insondabile misericordia.

Al di fuori della strada naturale non c'è pienezza di senso e di sentimento ma offuscamento sentimentale che presta alla mente facili possibilità di inerpicarsi in sentieri di ragioni egoistiche.

L'uomo e la donna, quando hanno un cuore traboccante d'amore, sono destinati all'unione fisica poiché, non essendo purissimi spiriti, hanno bisogno di concretizzare l'amore spirituale nella dimensione reale di vita terrena. Quando ciò viene a mancare, se il desiderio di amare e di essere amato è sentito, inizia la strada delle intenzioni represse e prendono vita desideri inconsci in fantasie che attentano la salute del cuore. Il cuore, infatti, vive la sua vita naturale solo nella trasparenza dei sentimenti puri, senza inganni e tradimenti.

> In quanto spirito incarnato, cioè anima che si esprime nel corpo e corpo informato da uno spirito immortale, l'uomo è chiamato all'amore in questa sua totalità unificata. L'amore abbraccia anche il corpo umano e il corpo è reso partecipe dell'amore spirituale (cfr. GIOVANNI PAOLO II, Familiaris consortio, n.11).
>
> La comunione d'amore tra Dio e gli uomini, contenuto fondamentale della Rivelazione e dell'esperienza di fede di Israele, trova una significativa

espressione nell'alleanza sponsale, che si instaura tra l'uomo e la donna. E' per questo che la parola centrale della Rivelazione, «(Dio ama il suo popolo», viene pronunciata anche attraverso le parole vive e concrete con cui l'uomo e la donna si dicono il loro amore coniugale. Il loro vincolo di amore diventa l'immagine e il simbolo dell'Alleanza che unisce Dio e il suo popolo (cfr. ad es. Os 2,21). E lo stesso peccato, che può ferire il patto coniugale diventa immagine dell'infedeltà del popolo al suo Dio (cfr. GIOVANNI PAOLO II, Familiaris consortio, n.12).

L'autentico amore coniugale è assunto nell'amore divino (cfr. PAOLO VI, Gaudium et Spes, n.48).

O amabile Padre,
porterò a compimento la mia umanità nell'amore,
per amore la perfezionerò,
d'amore la nutrirò.
Mio primo impegno
sia essere secondo il tuo desiderio, mio Dio.
Mio unico appagamento, piacerti.
Mio unico affetto, tu, che sei l'amore.
Mio unico scopo, la vita eterna nella tua gloria.
Aiutami, Dio mio,
a concepire intenzioni pure sotto il tuo sguardo,
pensieri santi ispirati alla tua santità,
parole benevole dettate dalla tua bontà,
volontà rette sotto la guida del tuo consiglio.
Che io cerchi te sempre nella gioia e nel dolore,
nella salute e nella malattia, nella vita e nella morte.
Per grazia tua ho questo desiderio,
per grazia tua persevererò nel mio impegno,

per grazia tua raggiungerò lo scopo.
Il tuo ardore, mio Dio, e il mio si incontreranno
e sarà vita, e sarà colore,
e sarà futuro di beatitudine che mai finirà.

Quando una coppia presenta latenti inganni di cuore, non c'è purezza d'animo. Allora si rompe l'anello vitale che ci unisce all'amore eterno.

> Ricordati che Dio regna solo nell'anima pacifica
> e disinteressata (SAN GIOVANNI DELLA CROCE, Opere,
> Sentenze , 68).

L'uomo che decide di dedicarsi alla vita dello spirito, tralasciando la vita materiale, sceglie una strada difficile, poiché permane in lui la materia reale. Sono queste le vocazioni sublimi degne di lode ma, dove ciò non è possibile, Dio non condanna, avendo Egli stesso creato l'uomo per vivere in terra la simbiosi di spirito e materia secondo la realtà della sua propria costituzione.

> Voi però non siete sotto il dominio della carne,
> ma dello Spirito, dal momento che lo Spirito di
> Dio abita in voi. Se qualcuno non ha lo Spirito di
> Cristo, non gli appartiene. E se Cristo è in voi, il
> vostro corpo è morto a causa del peccato, ma lo
> spirito è vita a causa della giustificazione. E se lo
> Spirito di colui che ha risuscitato Gesù dai morti
> abita in voi, colui che ha risuscitato Cristo dai
> morti darà la vita anche ai vostri corpi mortali per
> mezzo del suo Spirito che abita in voi.
> Così dunque fratelli, noi siamo debitori, ma non
> verso la carne per vivere secondo la carne; poiché
> se vivete secondo la carne, voi morirete; se invece
> con l'aiuto dello Spirito voi fate morire le opere del
> corpo, vivrete (Rm 8,9-13).

O amabile Padre,
conducimi alle danze dell'amore,
per celebrare il mio incontro con te.
I miei passi cadenzati seguano i tuoi,
i miei occhi innamorati guardino i tuoi.
Dio della mia vita,
sei la mia dolce musica interiore
alle cui note si accorda il ritmo della mia esistenza!
È musica la tua Presenza che il tempo non riesce ad oscurare.
È musica pensarti, parlarti, crederti, amarti.
È musica poggiare il mio capo sul tuo petto la sera,
tenderti le braccia al sorger del sole,
darti il mio bacio di figlia.
È musica sognare il tuo sogno nel mio,
Bellezza infinita, mio smisurato bene,
delizia del mio cuore,
causa e fine della vita mia.

Dio giudica sull'amore, in qualsiasi modo questo si esprima e cioè che sia amore fraterno oppure amore completo.

Con amore completo, in termini reali, si intende un amore sia spirituale che fisico, secondo le leggi naturali, per vivere con amore e con gioia partecipativa l'azione divina.

Perché questa è la volontà di Dio, la vostra san-
tificazione: che vi asteniate dall'impudicizia, che
ciascuno sappia mantenere il proprio corpo con
santità e rispetto, non come oggetto di passioni
e libidine, come i pagani che non conoscono Dio;

che nessuno offenda e inganni in questa materia il proprio fratello, perché il Signore è vindice di tutte queste cose, come già vi abbiamo detto e attestato. Dio non ci ha chiamati all'impurità, ma alla santificazione. Perciò chi disprezza queste norme non disprezza un uomo, ma Dio stesso, che vi dona il suo Santo Spirito (1Tes 4,3-8).

O amabile Padre,
mio Dio e unico mio bene,
che provvedi ad ogni necessità dell'anima mia
e in modo mirabile mi conduci,
fa' che mai io distolga il mio sguardo da te.
Nella mia fiducia in te
e nell'adesione libera e innamorata al tuo amore
è la soluzione di ogni mio problema.
In te è la mia realizzazione.
Aiutami, Signore, a desiderare sempre più ardentemente
l'unione con te, Sorgente di ogni mio bene.
Non più pensieri girovaghi,
non più trame egoistiche di un orgoglio impietoso,
ma luce, pace e ristoro in te.

Al di fuori della costituzione naturale umana, maschile e femminile, non può esservi completezza di vita, né genuina felicità ma solo autoconvincimento di benessere.

Riguardo all'omosessualità, al di là dei desideri che possono essere conseguenti ad un'inclinazione congenita oppure indotti da culture o impressioni, è il soddisfarli che poi lascia in fondo l'essere infelice.

La soddisfazione di un desiderio, infatti, quando è fuori dalle dimensioni create distintive di uomo e di donna, lascia l'essere infelice nel suo intimo, poiché lontano da quella che è invece la piena realizzazione del proprio essere.

Non è prevista infatti nella creazione originaria una forma neutra di essere vivente, né ambivalente, né ambigua.

Tuttavia nel divenire della fisicità possono presentarsi figure controverse, forme di diversità. In tal caso, è necessaria un'adeguata formazione a portare avanti la propria vita, così come si è configurata, senza conflitti interni.

Altra cosa invece è stabilire un'educazione generale che porti la diversità a norma.

Pertanto si percorre una via fuori della costituzione naturale quando si vuole educare a vivere la propria fisicità in modo avulso dai canoni originari dell'essere vivente.

L'uomo, fra gli esseri viventi, è l'elemento più eccelso, nella misura in cui attraverso la sua intelligenza conosce e difende l'essenza dell'essere in tutte le sue forme.

L'uomo ben sa che non fa parte di codici morali da lui costituiti l'essere maschio e l'essere femmina. Pertanto non può arbitrariamente intromettersi nella definizione di essere uomo o essere donna o addirittura di essere neutro, il quale ultimo caso è inesistente alle origini.

Una cultura fuorviante dall'essere originario toglie una verità per sostituirla con un'idea sulla base di una libertà di pensiero e di azione fondata fuori delle norme stabilite dalle origini della vita. Non ci può essere vita ordinata fuori dall'ordine precostituito dell'essere. E non c'è benessere, né pienezza di vita, né realizzazione di sé fuori di quest'ordine.

Dobbiamo collocarci nel contesto di quel "principio biblico", in cui la verità rivelata sull'uomo come "immagine e somiglianza di Dio" costituisce l'immutabile base di tutta l'antropologia cristiana. «Dio creò l'uomo a sua immagine; a immagine di Dio lo creò; maschio e femmina li creò» (Gen 1, 27). Questo passo conciso contiene le verità antropologiche fondamentali: l'uomo è l'apice di tutto l'ordine del creato nel mondo visibile - il genere umano, che prende inizio dalla chiamata all'esistenza dell'uomo e della donna, corona tutta l'opera della creazione -; ambedue sono esseri umani, in egual grado l'uomo e la donna, ambedue creati a immagine di Dio.

Questa immagine e somiglianza con Dio, essenziale per l'uomo, dall'uomo e dalla donna, come sposi e genitori, viene trasmessa ai loro discendenti: «Siate fecondi e moltiplicatevi, riempite la terra; soggiogatela» (Gen 1,28). Il Creatore affida il «dominio» della terra al genere umano, a tutte le persone, a tutti gli uomini e a tutte le donne, che attingono la loro dignità e vocazione dal comune «principio».

Nella seconda descrizione della creazione dell'uomo (cf. Gen 2,18-25) il linguaggio in cui viene espressa la verità sulla creazione dell'uomo e, specialmente, della donna, è diverso, in un certo senso è meno preciso, è - si potrebbe dire - più descrittivo e metaforico: più vicino al linguaggio dei miti allora conosciuti. Tuttavia, non si riscontra alcuna essenziale contraddizione tra i due testi. Il testo di Genesi 2,18-25 aiuta a comprendere bene ciò che troviamo nel passo conciso di Genesi 1,27-28 e, al tempo stesso, se letto unitamente ad esso, aiuta a comprendere in modo ancora più profondo la fondamentale verità, ivi racchiusa, sull'uomo creato a immagine e somiglianza di Dio come uomo e donna.

Nella descrizione di Genesi 2,18-25 la donna viene creata da Dio "dalla costola" dell'uomo ed è posta come un altro "io" come un interlocutore accanto all'uomo, il quale nel mondo circostante delle creature animate è solo e non trova in nessuna di esse un "aiuto" adatto a sé. La donna, chiamata in tal modo all'esistenza, è immediatamente rico-

nosciuta dall'uomo come «carne della sua carne
e osso delle sue ossa» (cf. Gen 2,23) e appunto
per questo è chiamata «donna». Nella lingua
biblica questo nome indica l'essenziale identità
nei riguardi dell'uomo: 'is - 'issah, cosa che in generale le lingue moderne non possono purtroppo
esprimere. «La si chiamerà donna ('issah), perché
dall'uomo ('is) è stata tolta» (Gen 2,23).
La descrizione biblica, dunque, parla dell'istitu-
zione, da parte di Dio, del matrimonio contestual-
mente con la creazione dell'uomo e della donna,
come condizione indispensabile della trasmissione
della vita alle nuove generazioni degli uomini, alla
quale il matrimonio e l'amore coniugale per loro
natura sono ordinati: «Siate fecondi e moltiplicatevi, riempite la terra, soggiogatela» (Gen 1,28)
(cfr. Giovanni Paolo II, Mulieris dignitatem, n.6).

O amabile Padre,
voglio consegnarti le mie ragioni lontane dalle tue,
quelle in cui ho investito le mie migliori risorse
e per cui ho lottato con tutte le mie forze.
Inondami della tua grazia, Padre,
dammi vista chiara sulla sapienza
delle tue vittoriose ragioni.
Voglio che diventino le mie.
Le mie vecchie ragioni
mi hanno portato divisioni, infelicità,
solitudine, prigionia.
Le tue ragioni mi regaleranno pace,
intelligenza, comprensione.
accoglienza, libertà.
Non è necessario ragionarvi sopra per capirle.
Le tue ragioni sono le stesse della vita.

Parlano da sole.
Divinamente avanzano,
autorevolmente s'impongono,
tutto chiariscono, tutto risolvono.
D'un baleno dissipano contese e incomprensioni,
annientano calcoli umani e congetture,
confondono la mente,
chetano il cuore.
Entra nel campo delle mie battaglie, Signore,
dirigi i miei passi verso le tue vittorie.

Vita, morte e sofferenza

Non è tanto importante quanto viviamo ma piuttosto come nell'intimo viviamo i nostri giorni e il senso che vi diamo. La fiducia nel bene, che nutre il fondo della nostra coscienza, alimenta, motiva e guida i nostri passi verso il pieno godimento dell'eternità.

Dio è sempre novità, che ci spinge continuamente a ripartire e a cambiare posto per andare oltre il conosciuto, verso le periferie e le frontiere. Ci conduce là dove si trova l'umanità più ferita e dove gli esseri umani, al di sotto dell'apparenza della superficialità e del conformismo, continuano a cercare la risposta alla domanda sul senso della vita. Dio non ha paura! Non ha paura! Va sempre al di là dei nostri schemi e non teme le periferie (cfr. PAPA FRANCESCO, Gaudete et exsultate, n.135).

Chi coltiva nei suoi giorni terreni ciò che di eterno vive nel suo spirito, organizza la propria vita e dirige i propri pensieri verso ciò che resterà per sempre. La sua anima gli dice che il bene è per essere vittorioso sul male. Egli pertanto non si scoraggia di tutto ciò che disturba e danneggia il bene, ma lavora per cogliere e cucire fra loro tutti i segnali di bene che il suo spirito coglie dalla vita stessa.

Non provocate la morte con gli errori della vostra vita, non attiratevi la rovina con le opere delle vostre mani, perché Dio non ha creato la morte e non gode per la rovina dei viventi. Egli infatti ha creato tutto per l'esistenza (Sap 1,12-14).

O amabile Padre,
quanto è lunga e amara l'esistenza dell'uomo
se vissuta lontano da te!
Con te vicino, invece, è un soffio,

un soffio come l'atto della Creazione,
un soffio come una carezza d'amore,
un soffio come un sospiro di speranza,
un soffio come un sorriso di fiducia.
Un leggerissimo soffio, Signore,
è la nostra vita vissuta in unione con te,
un soffio soave che anima il nostro spirito
e rende leggero ogni peso,
un soffio come una dolce brezza
che dà refrigerio al cuore quando è stanco.
L'attimo e l'eternità in te si equivalgono.
Chi vive di te, pur se ancora sulla terra,
percepisce la leggerezza
di sentirsi fuori del tempo e dello spazio
e gode nell'intimo l'esperienza di uno smisurato bene.
Sì, mio Dio, un'esistenza breve come un soffio,
così desidero che sia la mia vita.
Ogni momento che mi darai da vivere
porterà l'impronta della mia risposta d'amore,
dove si fonderà il mio spirito al tuo,
il presente al futuro eterno,
la morte alla risurrezione.
Sì, mio Dio, che mi hai creato per te,
sia la mia esistenza come un piacevole soffio d'amore
generato dal tuo Cuore divino.

La sofferenza, quando arriva, sia essa morale o fisica, ci procura una pausa di riflessione, che ci dispone a staccarci da tutto ciò che il tempo avvolge e trascina nella sua logica.

Inoltre la sofferenza ci pone di fronte alla nostra solitudine e in questa solitudine noi cerchiamo qualcuno che possa non deluderci. In realtà questa ricerca è sospinta dallo Spirito Santo sempre attivo, che suscita nel nostro spirito aperture alla grazia divina.

Nella vita attiva, distratti e attratti da corse e affanni per le cose del mondo che ci asservono a sé, non acconsentiamo all'ingresso della luce divina.

Nelle soste obbligate che la sofferenza ci impone, invece, la nostra attività mentale riposa e nel nostro spirito si fa spazio l'accoglienza di una nuova consapevolezza: quella della presenza di Dio Amore. Noi, resi fragili dal dolore e a volte anche dalla nostra inabilità, avvertiamo il desiderio di una certezza su cui contare, di un riferimento che non ci deluda. È allora che ci accorgiamo con chiarezza di quanto abbiamo bisogno di Dio, anche se non lo abbiamo ancora frequentato e quindi non lo conosciamo nel nostro intimo.

Dio, che è un continuo costruttore di bene in noi, sa come cogliere questi momenti di debolezza umana per rivelarsi quale Padre buono e munifico. Egli non ci toglie la sofferenza ma ci salva attraverso la sofferenza e ci sostiene nella sofferenza.

Quando noi ci ribelliamo ad essa, la sofferenza stessa si ingigantisce alla nostra sensibilità, vietandoci la disposizione interna ad accogliere qualcosa di nuovo che quel momento della nostra vita potrebbe rivelarci.

A chi non riesce a riconoscersi dentro l'abbraccio divino, che tutto accoglie e accompagna, la vita stessa nei momenti della prova diventa pesante. La soluzione migliore allora sembra quella di porre fine alla propria esistenza, che appare senza scopo, inutile e insopportabile.

Quando poi questo corpo corruttibile si sarà vestito d'incorruttibilità e questo corpo mortale d'immortalità, si compirà la parola della Scrittura: La morte è stata ingoiata per la vittoria (1Cor 15,54).

O amabile Padre,
tu, che sei tutto per me, chiedimi tutto.
Attirami ai tuoi dolori e chiedi i miei.
Invitami alla tua vita e chiedi la mia.
Trattienimi nel tuo abbraccio,
affinché il vento degli affanni del tempo
non mi trascini lontano da te,
mia unica speranza e viva verità.
E quando questo tempo sarà finito,
fa' che io possa vederti al chiarore eterno,
o Luce che creasti la luce!

La sofferenza, come tutti sappiamo, fa parte della nostra terrenità. Sofferenza e morte sono ineludibili. Scansare la sofferenza vuol dire volere estromettere una componente della nostra vita. Allo stesso modo la morte va intesa come un momento importante del nostro corso vitale. Alla morte quindi bisogna pensare. Alla morte bisogna prepararsi.

L'uomo soffre e muore allo stesso modo di come vive. Se nel benessere ha volontariamente aperto la porta alla luce dell'eternità, si è confrontato con essa, l'ha desiderata e si è adeguato ai suoi richiami, affronterà la sofferenza e la morte con uno spirito mansueto, adattandosi al nuovo corso della sua vita in sodalizio interiore con la divina Presenza in lui.

Per chi teme il Signore andrà bene alla fine,
sarà benedetto nel giorno della sua morte (Sir 1,11).

Lo stesso amore che è alla base della nostra esistenza giustifica la nostra amicizia con le realtà eterne. Se è vero che non possiamo controllare gli eventi della nostra vita, possiamo però, in rapporto alla nostra esperienza, decidere come reagire agli eventi.

Ogni uomo ha in sé l'intelligenza spirituale per poter cogliere sempre frammenti della bellezza eterna nei diversi momenti della propria vita, poiché l'amore divino è sempre all'opera.

Noi sappiamo che siamo passati dalla morte alla vita, perché amiamo i fratelli. Chi non ama rimane nella morte (1Gv 3,14).

Gesù gli rispose: «In verità vi dico: non c'è nessuno che abbia lasciato casa o fratelli o sorelle o madre o padre o figli o campi a causa mia e a causa del vangelo, che non riceva già al presente cento volte tanto in case e fratelli e sorelle e madri e figli e campi, insieme a persecuzioni, e nel futuro la vita eterna ...» (Mc 10,29-30).

O amabile Padre,
l'eterno non è ciò che attendo,
è ciò che vivo in te.
L'eterno è in me che ti appartengo,
nei miei pensieri innamorati,

nell'anima mia che ti contempla,
nel mio sogno reale che sei tu.
Tu sei l'eterno,
o sovrana misteriosa Bellezza,
antica e attuale,
mirabilmente scesa fino a noi,
resa palpabile ai sensi dei miseri
e documentabile nella storia dell'umanità!
Tu sei ovunque il bene vuole essere pensato,
ovunque c'è vita e amore.
Le viscere della terra e le vette dei monti parlano di te.
Tu sei l'eterno, o Dio pietoso,
che da infinito ti sei fatto finito,
da onnipotente ti sei reso impotente,
da sapiente a folle d'amore
per dimostrare che l'amore
è la corona della sapienza.

Capitolo Quarto

LIBERTÀ E LIBERO ARBITRIO

Il creato e i suoi messaggi di libertà

Solo lo spirito ha nell'uomo la sostanza vitale ultra-terrena.

La libertà dell'uomo, quindi, nel senso più autentico del termine, risiede nel suo spirito. Solo rientrando nel suo spirito in sintonia con lo Spirito che aleggia nell'intero universo, l'uomo può liberare la mente dal reticolato che blocca la sua intelligenza. La vita terrena, infatti, lo ingloba in un insieme di strutture mentali che lo imprigionano in procedimenti di causa ed effetto che lo vincolano e lo obbligano nell'unica direzione degli obiettivi materiali.

È vitale pertanto per l'uomo ricollegarsi al creato di cui è parte integrante e custode. In tal modo egli farà riemergere il suo spirito e lo eleverà allo Spirito Creatore.

> Il Signore è lo Spirito e dove c'è lo Spirito del Signore c'è libertà. E noi tutti, a viso scoperto, riflettendo come in uno specchio la gloria del Signore, veniamo trasformati in quella medesima immagine, di gloria in gloria, secondo l'azione dello Spirito del Signore (2Cor 3,17-18).

La natura emette vibrazioni simili a messaggi di libertà. Ancor più nell'uomo queste vibrazioni diventano sensibili nella sua comunicazione con Dio.

> Ti scongiuro, figlio, contempla il cielo e la terra, osserva quanto vi è in essi e sappi che Dio li ha fatti non da cose preesistenti; tale è anche l'origine del genere umano (2Mac 7,28).

O amabile Padre,
ci hai voluto liberi affinché liberamente
celebrassimo con te l'amicizia fra Creatore e creature.
Tocca i nostri cuori,

rendici docili al dialogo con te,
per ritrovare in noi stessi gli accordi della nostra provenienza.
Fu la tua divina sapiente volontà a volerci
deliberatamente tuoi collaboratori nel bene.
Dal tuo Spirito siamo venuti alla vita.
Soffia, Spirito di Verità, e confondi la menzogna.
Soffia, Spirito d'Amore, e scalda i cuori.
Soffia, Spirito di Vita, e sveglia chi dorme.
Scendi dal cielo, Spirito Santo, e inondaci della tua luce.
Accorda i cuori di tutti i credenti della terra.
Fa' che fra loro si pensino, si cerchino,
si ritrovino con desiderio di unione d'amore.
Sveglia le loro anime ai richiami di santi legami spirituali
che invocano il bene e lo promuovono
con silenziosi intimi ardori di fede.
Anima le loro preghiere della tua forza,
affinché diventino un unico coro che raggiunge il cielo
per toccare il Cuore divino e ottenerne pietà.
Ecco, il canto ritorna, benedetto dal cielo.
Arretra la morte. Riprende la vita.
Correte Angeli. Annunciate a tutti che domani è festa.

Nel respiro della natura l'uomo recupera la sua libertà, poiché ne riceve impulsi positivi. Attraverso la positività che la natura emana e che il suo spirito riceve, l'uomo si riconosce nelle sue qualità e capacità di bene e si ricarica di volontà.

L'ottimismo della contemplazione naturale (physikè theoria), di questo vedere nella creazione visibile il buono, il bello, il vero, non è un ottimismo ingenuo:

*tiene conto della ferita inferta alla natura umana
da una libertà di scelta voluta da Dio e utilizzata
impropriamente dall'uomo, con tutte le conseguenze di disarmonia diffusa che ne sono derivate (cfr.
Benedetto XVI, udienza generale 6 maggio 2009).*

La natura contemplata e ascoltata ci introduce alla conoscenza delle leggi che disciplinano la vita. Nel silenzio, immersi nella magnificenza del creato, riusciamo a ritrovare il valore della vita e a capirne il concetto nella sua dilatata apertura alla libertà.

La libertà che ci insegna la natura è disciplinata dalle regole della bellezza e ordinata nei suoi stessi affetti. Tutto infatti nel creato parla dell'origine. Pertanto tutto in esso riporta a Dio, in cui il bello e il bene hanno la loro massima espressione.

*Quanto sono amabili tutte le sue opere!
E appena una scintilla se ne può osservare.
Tutte queste cose vivono e resteranno per sempre
in tutte le circostanze e tutte gli obbediscono
(Sir 42,22-23).*

*La libertà è se stessa nella misura in cui realizza
la verità sul bene. Solo allora essa medesima è un
bene. Se la libertà cessa di essere collegata con
la verità e comincia a renderla dipendente da sé,
pone le premesse di conseguenze morali dannose,
le cui dimensioni sono a volte incalcolabili
(GIOVANNI PAOLO II, Memoria e identità).*

*O amabile Padre,
nel donarmi la libertà,
mi hai lasciato la chiave della mia dimora in te,
lì dove la libertà ha la sua casa.
O mio assoluto Bene, dirigimi con la tua sapiente guida.*

Dolci catene i tuoi desideri, mio Dio,
soavi vincoli i tuoi pensieri,
non come i lacci della terra che lasciano i segni del dolore.
Sottili e forti, le tue catene d'amore mi legano alla verità.
O meravigliosa prigionia che impedisce
al tempo di trattenermi nella tirannia della sua logica
e alla materia di rubarmi la mia identità celeste!
Solo in te salute, e pace, e gioia.
O mio Dio,
sorriso e benessere dell'anima mia,
affrettati,
rapiscimi e catturami nel tuo bene.
Nel tuo amore conoscerò
il senso delle cose create
e la mia massima libertà.

Il bene e il male

Nell'uomo lo spirito, avendo la sua origine in Dio, è votato al bene; eppure il male lo attenta continuamente durante il corso della sua vita terrena.

La brama dei giusti è solo bene,
la speranza degli empi svanisce (Pr 11,23).

Figlio, se ti presenti per servire il Signore,
preparati alla tentazione.
Abbi un cuore retto e sii costante,
non ti smarrire nel tempo della seduzione.
Sta unito a lui senza separartene,
perché tu sia esaltato nei tuoi ultimi giorni.
Accetta quanto ti capita,
sii paziente nelle vicende dolorose,
perché con il fuoco si prova l'oro,
e gli uomini ben accetti nel crogiolo del dolore.
Affidati a lui ed egli ti aiuterà;
segui la via diritta e spera in lui (Sir 2,1-6).

O amabile Padre,
sommo Bene,
la sommità della tua perfezione di giustizia e libertà
non può obbligarci al bene.
Eppure di bene hai forgiato la nostra anima,
al bene hai finalizzato la vita,
di bene provvedi il nostro tempo,
di bene irrori la terra,
di bene alimenti il nostro spirito
col Sangue del tuo dilettissimo Figlio,
di cui ci nutriamo nell'Eucaristia.
Tanto tenaci però sono i tuoi figli nel disconoscerti,
che davanti alla tua luce divina
oscurano la propria coscienza pur di non vederti.
Scellerati, si buttano in un mare di dolore,

staccandosi dalle tue braccia paterne.
Ma tu rimanda la tua collera, Padre!
Ascolta l'eco del canto d'amore
dello stuolo di quei figli che ti riconoscono,
ti lodano, ti esprimono la loro gratitudine.
Fiori fra le spine, rugiada sui rovi,
essi riparano le offese al tuo Cuore divino.
Rimanda la tua collera.
Un altro poco ancora e tutto tornerà com'era.

L'odio si stabilisce nel cuore dell'uomo come una passione accesa contro l'esterno, che ha conseguenze importanti all'interno del suo cuore. Se questa ondata non viene arginata, genera nell'uomo malattie nel suo sistema nervoso con ricadute su tutto il suo organismo. Egli si sente perseguitato e diventa persecutore. La sua vita è infelice.

Ma chi odia suo fratello è nelle tenebre, cammina
nelle tenebre e non sa dove va, perché le tenebre
hanno accecato i suoi occhi (1Gv 2,11).

Anche il rancore e l'ira sono un abominio,
il peccatore li possiede (Sir 27,30).

Chi si vendica avrà la vendetta dal Signore
ed egli terrà sempre presenti i suoi peccati.
Perdona l'offesa al tuo prossimo
e allora per la tua preghiera ti saranno rimessi i peccati.
Se qualcuno conserva la collera verso un altro uomo,
come oserà chiedere la guarigione al Signore?
Egli non ha misericordia per l'uomo suo simile,
e osa pregare per i suoi peccati?
Egli, che è soltanto carne, conserva rancore;
chi perdonerà i suoi peccati?
Ricordati della tua fine e smetti di odiare,

ricordati della corruzione e della morte
e resta fedele ai comandamenti.
Ricordati dei comandamenti
e non aver rancore verso il prossimo,
dell'alleanza con l'Altissimo
e non far conto dell'offesa subita (Sir 28,1-7).

O amabile Padre,
tu, che ci hai lasciato la libertà di pensarti o volgerci altrove,
di riconoscerti o di negarti,
non attendere oltre il nostro ritorno.
O Padre amato, ferma la nostra corsa dietro le cose del tempo,
stanaci dalla prigione dei nostri egoismi.
Metti nelle tue creature, bisognose di cure,
un forte desiderio di te.
Ritrovandoti, ritroveranno se stesse.
Si quieti ogni anima in te, lieta vi ritrovi l'immagine sua
e beata scopra che l'immensità del cielo le somiglia!

Il bene nell'uomo è legato a Dio che è l'assolutezza del bene, la sua entità, la sua sostanza, la sua vita.

Solo Dio, il Bene supremo, costituisce la base irre-
movibile e la condizione insostituibile della mora-
lità. Il Bene supremo e il bene morale si incontrano
nella verità: la verità di Dio Creatore e Redentore e
la verità dell'uomo da Lui creato e redento. Solo
su questa verità è possibile costruire una società
rinnovata e risolvere i complessi e pesanti proble-
mi che la scuotono, primo fra tutti quello di vince-
re le più diverse forme di totalitarismo per aprire la
via all'autentica libertà della persona (cfr. GIOVANNI
PAOLO II, Veritatis Splendor, n.99).

Non lasciarti vincere dal male, ma vinci con il
bene il male (Rm 12,21).

O amabile Padre,
ogni uomo è come un fiore che hai piantato per amore,
per curarlo dolcemente, per tenerlo nel tuo Cuore
e per vivere con lui ora in terra
la bellezza presente in ogni cosa creata
e in futuro quella eterna
che racchiuderà in sé la perfezione di tutto.
Dov'è, Dio, l'umile volontà di ricerca del bello e del vero,
a cui dalle origini ci hai chiamato?
Dov'è il volto bello dell'amore
che doveva risplendere nei figli tuoi?
Padre, Padre buono, basterà il tempo di questa vita
per riparare gli errori di arrogante superbia
che l'uomo ha compiuto nella storia contro te,
Architetto dell'intero universo,
unico Amministratore del tempo e dello spazio
in cui la stessa storia si muove?
Eppure di gemiti è piena la terra.

Quando l'uomo accoglie in sé Dio, il bene riprende vigore nel suo spirito affaticato dall'oppressione del male. Allora le intuizioni di bene, in cui il suo cuore si ritrova, lo liberano dalla sofferenza e l'equilibrio rinasce in lui.

È un processo che si ripete ogni volta in cui l'uomo sente nella sua coscienza il richiamo dell'eterna verità. Tale condizione interiore è favorita quando l'uomo rientra in se stesso, come nei momenti in cui si pone al cospetto della natura per ritrovarsi e rigenerarsi.

Al suo benessere interiore corrisponde una decisione di azione che si determina in atti di volontà. Prende forza allora dentro di lui l'interesse e l'impegno di contrastare il male nelle sue forme esterne a sé e interne a sé.

Quando l'uomo inizia questo lavoro di ricostruzione, il bene prende tutto il suo vigore con l'apporto di tutte le qualità della benevolenza e dell'amore. Da questo processo interiore di rigenerazione nasce l'uomo nuovo e muore l'uomo vecchio.

> *Vi darò un cuore nuovo, metterò dentro di voi uno spirito nuovo, toglierò da voi il cuore di pietra e vi darò un cuore di carne. Porrò il mio spirito dentro di voi e vi farò vivere secondo i miei statuti e vi farò osservare e mettere in pratica le mie leggi (Ez 36,26-27).*

*O amabile Padre,
come un'ostetrica trae fuori il figlio dal grembo della madre,
così tu traimi alla vita vera in te.
Dio, che della vita sei il Creatore e l'eterno Amministratore,
piega ogni mia volontà contraria,
sciogli ciò che vuole ancora legarmi al passato,
cancella i miei vecchi pensieri,
le mie vanità, le mie superbe ragioni.
Spezza le briglie che mi costringono
ad essere ancora la vecchia creatura
e rendimi nuova creatura irrorata dalla tua grazia.
Libera la mia libertà dal cattivo uso che ne fa la mia superbia.
Non sia più per fuggire da te
ma per venire a te che ne sei il pieno compimento.*

L'uomo nuovo è colui che ha ritrovato nella paternità di Dio la sua origine e le risposte alle istanze più profonde del suo cuore.

Egli si accorge in tal modo della necessità del suo intimo rapporto con Dio ed è proprio da questo rapporto che apprende per esperienza i sublimi attributi dell'amore. Ricevendo da Dio Padre accoglienza, abbraccio, sostegno, consiglio, perdono e misericordia egli stesso li impersona e diventa per lui conseguenziale riversarli verso i fratelli nelle sue relazioni.

La moltitudine di coloro che eran venuti alla fede aveva un cuore solo e un'anima sola e nessuno diceva sua proprietà quello che gli apparteneva, ma ogni cosa era fra loro comune (At 4,32).

O amabile Padre,
avevo ricchezze costruite e ambite
e le ho lasciate perché in te ho trovato
la vera ricchezza che cercavo.
Avevo la mente carica dei miei pensieri
e li ho lasciati per accogliere i tuoi.
Avevo il cuore colmo di afflizione
e l'ho svuotato per riempirlo del tuo dolore d'amore.
Indossavo gli abiti dell'amor proprio terreno
e li ho lasciati per rivestirmi dell'amor tuo.
Avevo la volontà carica di progetti e li ho svenduti al tempo,
perché mi lasciasse i giorni per aderire all'opera tua.
Alla perfetta tessitura delle tue mani mi consegno.
Di povertà interiore nutro l'anima mia,
che ha fame di infinito.
La tua grazia mi sospinge.
Con te porgo il mio braccio a chi è stanco,
dispenso la tua gioia per rallegrare i cuori spenti,

do senza calcolo, perché non posso conteggiare i tuoi averi,
mi privo senza svuotarmi,
perché rimango in te che sei la mia pienezza.
Tutto conseguo in te, mio Dio, felicemente,
perché tu sei la mia felicità.

In Dio e con Dio ci accorgiamo che l'amore è l'unica soluzione per vincere il male, anche laddove il male si presenta ostinato e potente.

A sua volta, l'amore accolto in noi ci porta a fare sempre più esperienza di Dio. Toccati nell'intimo da Lui, torniamo a Lui in un circolo continuo di attenzione e di desiderio. Ed è allora che ci rendiamo conto di quanto sia fondamentale per noi vivere all'interno della nostra relazione vitale con Dio.

> *La continua conversazione con Cristo aumenta l'amore e la fiducia (S. Teresa D'Avila).*

> *Dobbiamo ritirarci in noi stessi, anche in mezzo al nostro lavoro, e ricordarci di tanto in tanto, sia pure di sfuggita, dell'Ospite che abbiamo in noi, persuadendoci che per parlare con Lui non occorre alzare la voce (S. Teresa d'Avila).*

Quanto più facciamo esperienza di questa vita rinascente in noi, tanto più, convinti del Bene che è Dio, lasciamo all'iniziativa divina il corso della nostra vita e ci attiviamo a conservare una disposizione del cuore aperta alla benevolenza.

I tempi nuovi sono quindi quelli che germogliano nel nostro spirito giorno dopo giorno, superamento dopo superamento, quando ci apriamo liberamente a Dio e alla sua azione. Allora nascono spontaneamente in noi sentimenti di riconoscenza, desideri di bene e gioia di amicizia.

> Il mio bene è stare vicino a Dio:
> nel Signore Dio ho posto il mio rifugio,
> per narrare tutte le tue opere (Sal 73,28).

O amabile Padre,
apri lo scrigno dei tuoi tesori e condividili con le tue creature.
Stuoli di anime stanche, confuse, sole, smarrite,
attendono il ristoro delle tue parole di verità e di vita.
Parla al loro cuore, sciogli le catene dell'errore,
dissolvi le paure che impediscono di vederti.
Restituisci loro la libertà, illuminale di speranza,
mostra la vicinanza delle tue promesse,
scaldale della tua presenza d'amore.
Apri, Signore, lo scrigno dei tuoi tesori
e condividili con le tue creature.

Noi stessi, quindi, siamo il luogo d'incontro con Dio e, per la nostra natura spirituale, siamo destinati ad essere la sua dimora in questa terra, portatori di luce e di speranza.

Crescendo in Dio e accogliendo la sua legge, la nostra intelligenza e la nostra volontà si attivano ad allontanare tutto ciò che contrasta l'amore. Nascono da qui pensieri e volontà pacifisti che non ci inducono mai ad andare contro gli altri ma ci addestrano ad individuare il male, ovunque esso si annidi, e ad esperire tattiche per estirparlo.

> Noi abbiamo riconosciuto e creduto all'amore che
> Dio ha per noi. Dio è amore; chi sta nell'amore
> dimora in Dio e Dio dimora in lui (1Gv 4,16)

116

O amabile Padre,
quanto hai atteso prima che venissi a te!
Oh, se ti avessi incontrato al tempo della mia giovinezza!
Non avrei perso la freschezza della mia innocenza
e non avrei affogato parte della mia vita
nelle strettoie anguste della mia ragione.
Scarna intelligenza, quella della mia mente senza la tua luce!
Perché allora non forzasti la mia volontà ad accorgermi di te?
Se tu l'avessi fatto, non avrei sofferto quell'angoscia mortale,
avrei visto fiori al posto delle serpi
e fiori avrei offerto ai vicini e ai lontani.
Ma è pur vero, mio Dio, che, se tu l'avessi fatto,
ora il dispiacere per la mia lunga lontananza da te
non mi incendierebbe tanto il cuore di ansia riparatrice.
Oh perfezione della sapienza divina!
Sperimento ora con te nel cuore la leggerezza della libertà
che tu da sempre hai voluto lasciare all'anima mia,
affinché venisse a te con le ali proprie dell'amore,
un amore ardente e coraggioso,
pronto a sfidare ostacoli e resistenze.
Sì, mio Dio, quanto hai atteso prima che venissi a te!
Ma ora curami, Padre. Risanami.
Nel tuo Cuore custodiscimi.

Quando attiviamo la positività nella nostra volontà, istintivamente reagiamo al male vedendolo come un nostro nemico, poiché riconosciamo nel bene il destino e la naturale aspirazione dell'anima.

La violenza, l'offesa alla giustizia e alla verità ci producono un'istintiva reazione di repulsione.

Accesi nella nostra intelligenza positiva, comprendiamo la responsabilità di mettere in atto le risorse che Dio ci dà per essere felici dentro di noi sempre e nonostante i tentacoli del male che durante la vita terrena sono continuamente in azione per soppiantare il bene.

Tocca a noi difendere la dimora di Dio in noi. Allo stesso modo dobbiamo favorirla negli altri e comunque esercitarci a riconoscere, in un certo senso, sempre un po' di Dio nell'altro.

> È necessario adoperarsi per costruire stili di vita, nei quali la ricerca del vero, del bello e del buono e la comunione con gli altri uomini per una crescita comune siano gli elementi che determinano le scelte dei consumi, dei risparmi e degli investimenti (cfr. GIOVANNI PAOLO II, Centesimus annus, n.36).

O amabile Padre,
regale avanza nell'anima mia la tua signoria.
Vanifica il tempo, dissolve lo spazio,
avvolge la mente, rapisce il cuore.
Non posso distrarmi più da te,
tutte le mie facoltà sono imprigionate nel tuo amore
in cui trovo tutto ciò che la libertà comprende.
Un nuovo cielo si scopre all'orizzonte del mio spirito.
Lascio i beni che credevo di avere e mi arricchisco di te,
mio unico e infinito Bene.
La mia anima tutta si espande nell'immensità del tuo Essere.
Guardo con meraviglia la vita che tu mi hai dato
e ti contemplo in essa, mio Dio, respiro dell'anima mia,
ragione dei miei pensieri,
espansione felice del mio cuore.

DIO È LA NOSTRA FELICITÀ

Vera felicità e forme artefatte di felicità

Una mente sganciata dalla volontà di scoperta delle cose celesti e di fiducia in Dio costruisce verità distanti dal vero eterno e su queste verità, parzialmente reali, delinea un cammino fondato sul transitorio. Tale cammino la rende suscettibile alle onde magnetiche del bene e del male che avvolgono le entità terrene, procurando illusioni e delusioni.

> *Non sono le cose di questo mondo che si impadroniscono dell'anima e la danneggiano, perché ella non può entrare dentro di loro, ma il desiderio e l'appetito di quei beni che possono risiedere in lei (S. GIOVANNI DELLA CROCE, Pensieri, n.8).*

L'eternità appartiene alla profondità dell'uomo per cui, se egli vive distaccandosene, costruisce da se stesso la propria infelicità.

Vivendo lontano dalle realtà eterne che caratterizzano il proprio spirito, l'uomo si fa un'idea artefatta della realtà propria personale e della realtà esterna a sé, assoggettandosi a fantastici miti e proiettando i suoi sogni lì dove ha costruito tali immagini. Egli in tal modo vive non secondo la verità profonda e autentica dell'essere delle cose e dell'essere proprio, ma secondo il riflesso della sua immaginazione.

> *L'anima deve appoggiarsi alla fede oscura, prendendola per guida e luce, senza attaccarsi a cosa che comprende, gusta, sente e immagina, poiché tutto ciò è tenebra, da cui sarà tratta in errore, mentre la fede è superiore a tale modo di intendere, di gustare, di sentire e di immaginare (S GIOVANNI DELLA CROCE, Pensieri, n.39).*

Uomo del nostro tempo,
che costruisci roccaforti d'argilla,
crei castelli di sabbia dove porre le tue speranze
e ai fallimenti poi ti disperi
accusando il tuo Dio anziché te stesso.

Uomo del nostro tempo,
che punti la tua fiducia nel nulla
e dai le spalle alla verità
per ripararti in una fatata menzogna,
che cerchi l'amore per possederlo,
sogni di avere invece di dare,
doni balocchi invece di abbracci,
fuggi quello che devi rincorrere
e gridi invece di cantare.

Figlio di un tempo patrigno,
riposa il tuo cuore affaticato
nel seno della Vita,
ascoltane i palpiti.
Sono quelli del tuo Padre divino.
E quanto somigliano ai tuoi!

L'uomo contemporaneo ritiene che si possa star bene ed essere felici facendo a meno di Dio, ma questo modo di pensare lo rende ancor più debole e vulnerabile. Pertanto nei momenti di stanchezza, di delusione, di solitudine, di malattia o di lutto, quando il limite dell'umana natura si fa sentire, egli non è mai preparato, mai disposto ad accettare realtà scomode e a sapervi cogliere nuove opportunità di scoperta e di valorizzazione di altri elementi importanti di vita come la condivisione e l'apertura alle diverse forme di aiuto e di collaborazione fraterna.

Per questo motivo ogni tipo di sofferenza, e la morte stessa, vengono demonizzati. L'uomo preferisce non prenderli in considerazione, estromettere dai suoi pensieri ogni riferimento alla sofferenza e fuggire perfino dalle realtà di dolore che si presentano alla sua stessa persona e ai suoi parenti, lasciando in sé e attorno a sé vuoti incolmabili di umanità condivisa e di vicinanza fraterna.

In tal modo egli chiude le porte all'amore che salva, che scalda, che consola e che motiva la nostra stessa vita.

> *Possiamo costatare ogni giorno quante cose erano sbagliate di ciò che credevamo e di ciò che abbiamo imparato. Ed è utile fare una simile costatazione, perché ci si rende conto che non possiamo fidarci di noi stessi e che saremmo perduti se un Altro, che vede meglio e più lontano, non si curasse di noi (EDITH STEIN, Pensieri, n.39).*

> *Se Dio è in noi, e se Dio è amore, è inevitabile che noi siamo fratelli: perciò il nostro amore del prossimo è la misura del nostro amore a Dio (EDITH STEIN, Pensieri, n.81).*

Il disconoscimento e la mancata accettazione del limite umano, quando diventano mentalità corrente, creano malesseri non solo ad ogni uomo ma anche all'intera società.

Tutte le soluzioni di fuga portano a strade senza uscita dove l'uomo, pur di non riconoscere una realtà che non riesce più a governare nel suo pensiero, manipola i sentori della coscienza, imponendo a sé e alla società nuove definizioni di bene innaturali e per nulla consone alla propria sostanza spirituale, e quindi a ciò che egli è.

Illecitamente egli si giustifica con il ricorso al suo diritto di libertà, ma una libertà che imprigiona l'uomo in acute sofferenze non è più tale. La libertà, infatti, ci è stata data per il bene. È nella sua natura essere diretta al bene.

> *Voi infatti, fratelli, siete stati chiamati a libertà. Purché questa libertà non divenga un pretesto per vivere secondo la carne, ma mediante la carità siate a servizio gli uni degli altri. Tutta la legge infatti trova la sua pienezza in un solo precetto: «amerai il prossimo tuo come te stesso»*
> *(Gal 5,13-14).*

> *La verità illumina l'intelligenza e informa la libertà dell'uomo. Modellata su quella di Dio, la libertà dell'uomo non solo non è negata dalla sua obbedienza alla legge divina, ma soltanto mediante questa obbedienza essa permane nella verità ed è conforme alla dignità dell'uomo, come scrive apertamente il Concilio: «La dignità dell'uomo richiede che egli agisca secondo scelte consapevoli e libere, mosso cioè e indotto da convinzioni personali e non per un cieco impulso interno e per mera coazione esterna. Ma tale dignità l'uomo la ottiene quando, liberandosi da ogni schiavitù di passioni, tende al suo fine con scelta libera del bene, e si procura da sé e con la sua diligente iniziativa i mezzi convenienti»*
> *(cfr. GIOVANNI PAOLO II, Veritatis splendor n.42).*

O amabile Padre,
le tue creature, figlie ed eredi
del tuo Regno di pace, d'amore e di gloria,
patiscono la schiavitù delle tirannie del tempo.
Tu, che sospingi l'anima nostra verso la sua sorgente di vita,
fa' che, attratta da te, non si lasci distrarre dalle voci del mondo.

Si arretrino le ragioni rumorose della terra
e cedano spazio a quelle tue silenziose, o eterna Verità.
Si assoggetti a te il cuore umano
e trovi in questa soggezione la sua naturale via.
Si animi di desiderio di te l'anima nostra
e si addestri alla battaglia contro i suoi nemici.
Vinca alla fine l'uomo il premio dell'incontro con te,
Padre e Re di eterna gloria.

Felicità e maturità della fede

La felicità ha un nome: Dio.

Dio infatti è pura e perfetta felicità e ci ha costituiti quale soffio del suo Spirito, affinché vivessimo la nostra felicità nel rapporto con Lui.

La felicità, quindi, nell'uomo non può essere impersonale. Essa è piuttosto condizione personale dovuta al proprio unico irripetibile rapporto con Dio.

> *È la contemplazione del volto di Gesù morto e risorto che ricompone la nostra umanità, anche quella frammentata per le fatiche della vita, o segnata dal peccato (Papa Francesco, discorso al V Convegno nazionale della Chiesa italiana, Firenze, 10 novembre 2015).*

Dio, che è l'originario e l'ultimo affetto dell'anima nostra, è vita ancestrale prorompente d'amore, luce che non si esaurisce mai e tocca tutti gli esseri creati. Questa luce non può trasparire negli uomini se essi la soffocano con il loro egoismo. Quando ciò accade, essi, invece di risplendere, si oscurano, anche se si danno molto da fare per darsi luce propria.

L'egoismo è legato all'orgoglio, che introduce l'uomo in una galleria senza uscita, precludendogli la visuale dell'umiltà, unica porta di accesso alla comunicazione con la verità autentica.

> *Non è un'abbondanza di conoscenza che riempie e soddisfa l'anima, ma piuttosto una comprensione interiore e l'assaporare le cose (Sant'Ignazio di Loyola).*

La mente umana è un generatore sempre in moto, che programma di continuo, in autonomia quando non è in complicità con Dio. Chi presta, però, la propria opera per i suoi stessi fini gioca sulla propria altalena. L'intelletto lo porta a far germogliare frutti correlati alla propria immaginazione. Pertanto egli per propria necessità deve crearsi un proprio idolo, un riflesso del proprio utopico aspetto, deve dare una forma a ciò che presumibilmente vive dentro e fuori di sé. Egli cerca nei meandri della mente una logica risposta al suo esistere. Allora le domande sulla propria vita trovano risposte inesatte ed egli vive, pensa, si orienta e fa le sue scelte volgendosi dove egli non è.

Se solo l'uomo interrogasse l'unica vita vera e profonda che vive in lui, capirebbe in un solo attimo l'eterno dilemma.

Ma dov'è l'uomo? L'uomo è nel pensiero di Dio, nello sguardo di Dio che, pur se non riconosciuto, opera continuamente miracoli nella sua vita, non perdendolo mai di vista.

> Sei tu, Signore, la mia speranza,
> la mia fiducia fin dalla mia giovinezza (Sal 71,5).

Noi viviamo per un atto continuo di amore perpetuo. Siamo perennemente vivi nel cuore di Dio Creatore, desiderati, cercati, sognati. Nell'esperienza che facciamo di Dio nell'habitat naturale acquistiamo la coscienza della sua superiorità creatrice e del suo sapiente amore.

Dio è il fluido vitale espressivo dell'acqua e del fuoco: i primi elementi coordinatori della vita. Dio è la vita, attraverso il Suo desiderio più alto ed energico. La Sua forza creatrice scaturisce appunto da questo desiderio, che è passione divina d'amore.

La vita, quindi, non appartiene interamente a noi. Dio ce l'ha donata nella nostra progenie e, quando noi ci rivolgiamo a Lui con riconoscenza e lo onoriamo sottomettendoci alla sua sovranità divina, Egli infiamma i nostri cuori. Accolto da noi, dimora in noi ed è allora che i nostri sogni sono i suoi sogni realizzati.

> *Io invece come olivo verdeggiante*
> *nella casa di Dio.*
> *Mi abbandono alla fedeltà di Dio*
> *ora e per sempre (Sal 52,10).*

O amabile Padre,
mio Creatore, tu mai hai interrotto il tuo sogno d'amore.
Sognando, continui a creare di scintilla in scintilla
vita nuova in chi ti accoglie.
Ed è ancora Creazione.
Tu vuoi, mio Dio, che le speranze nostre siano quelle tue,
che la vita nostra sia fusa alla tua.
Tutto il creato risuona dell'eco di questo tuo sogno;
e ora io voglio cantarlo.
Voglio diventare il tuo liuto,
affinché il mondo ascolti le note del suo Creatore
vibrare sul cuore della sua creatura.
E sia ancora Creazione.
Ogni uomo si risvegli al canto del suo Dio,
nel suo amore risorga e canti sulle note del suo Creatore.
Quando le nostre corde vibreranno fra le tue dita divine, Padre,
saremo nuove creature.
Si realizzerà allora il tuo sogno di averci per te
e il tuo sogno sarà pure il nostro.
E sarà ancora Creazione.

Quando accogliamo Dio, è salvezza per noi e per i nostri figli. Sotto la sua protezione viviamo sogni felici. Ed è questa una felicità che la ragione umana non sa spiegarsi. È infatti una felicità derivante dall'essere partecipi della figliolanza universale, dono gratuito di Dio.

La felicità autentica, sostanziale e durevole, è quindi quella della nostra permanenza in Dio, sommo Bene. Nel riconoscerci suoi figli, noi entriamo nella felicità che Dio ha stabilito da sempre per noi. Felicità, questa, ben diversa dalla suggestione evanescente di una forma artefatta di felicità procurata con tecniche di evasione dalla realtà. Tecniche ed espedienti, infatti, alienano l'uomo, trasferendolo altrove, in mondi paradisiaci, immaginari, dove egli non è. In tal modo, infatti, egli si introduce in vie impersonali, estranee alla sua sostanza vitale, anche se pensa che siano proprie e che soddisfino la propria personalità per il semplice fatto che le ha pensate, studiate e scelte da sé. In realtà non c'è felicità autentica al di fuori della verità autentica che è Dio in noi.

Oh, se avessero sempre un tal cuore, da temermi e da osservare tutti i miei comandi, per essere felici loro e i loro figli per sempre! (Dt 5,29).

O amabile Padre,
voglio dedicarti pensieri di gratitudine.
Non più nostalgia di un cielo lontano,
non più malinconici rimpianti.
Voglio ascoltare ciò che chiede il tuo Cuore,
volgermi a te per conoscere te,
pensare ai tuoi pensieri d'amore.

Taccia ogni voce in me che non sia la tua.
Accogli la mia gratitudine di oggi
in riparazione di quella mancata di ieri
mia, dei miei congiunti, dei miei amici
e delle passate generazioni.
Accoglila e uniscila alla gratitudine di tante anime
toccate nel profondo della coscienza dai tuoi sentimenti
di Padre divino.
Può, mio Dio, la gratitudine corale di oggi compensare
l'ingratitudine di millenni?
Forse sì, se è un "grazie" a cuore aperto che esce dal tempo
e incontra nell'eterno la tua misericordia.

Nell'esperienza che facciamo di Dio matura la nostra fiducia in Lui. Questa fiducia cresce nell'amore e nel desiderio di Lui e con il tempo diventa fede, il convincimento cioè dell'esistenza di Dio, Persona divina, fuoco d'amore, Padre eterno dell'anima nostra, in cui riporre la nostra totale fiducia. Quando acquistiamo questa consapevolezza, il nostro riferirci a Dio non sarà più teorico, né emozionale, né ancora ci sarà sentimentalismo nel nostro cuore, ma un sentimento forte che si lega all'intelligenza dell'essere e alla volontà dell'agire.

Quando noi apprendiamo la verità di Dio e conosciamo Dio come Amore, nel nostro intimo si apre la possibilità di realizzazione piena della nostra vita.

Non affannatevi dunque dicendo: Che cosa mangeremo? Che cosa berremo? Che cosa indosseremo? Di tutte queste cose si preoccupano i pagani; il Padre vostro celeste infatti sa che ne avete bisogno. Cercate prima il regno di Dio e la sua giustizia, e tutte queste cose vi saranno date in aggiunta. Non affannatevi dunque per il domani, perché il domani avrà già le sue inquietudini. A ciascun giorno basta la sua pena (Mt 6,31-34).

In un credente la fede è la sua ragione di vita, in quanto investe la profondità dell'umano sentire. Nella fede si scopre come le afflizioni della vita terrena siano passeggere e abbiano piuttosto un significato funzionale; servono cioè a rafforzarsi nel trovare migliori assetti nei rapporti umani e nei confronti delle varie realtà contingenti. Nella vicinanza con Dio l'uomo sperimenta la netta distinzione fra il tempo e l'eterno, fra il relativo e l'assoluto. L'esperienza che egli fa in se stesso dell'assolutezza di Dio gli fornisce quella sicurezza necessaria a sentirsi fondato in un affetto eterno.

Ora benedite il Dio dell'universo,
che compie in ogni luogo grandi cose,
che ha esaltato i nostri giorni fino dalla nascita,
che ha agito con noi secondo la sua misericordia
(Sir 50,22)

Questa certezza ha notevoli risvolti nella salute fisica e psichica e offre un basamento saldo alla personale esistenza. Allora non ci si lascia più coinvolgere da tutto ciò che il tempo consuma e brucia in se stesso, ma si salva dal transitorio ciò che ha valore eterno. I rapporti umani ne ricevono un gran guadagno. La mente è più libera e sciolta nella valutazione delle cose, il cuore sostenuto. L'affetto certo di Dio dispone ad una serenità profonda. L'intimo si sente appagato e custodito nell'amore divino e lo spirito di abnegazione verso gli altri prende vita spontaneamente.

Si porta forse la lampada per metterla sotto il moggio o sotto il letto? O piuttosto per metterla sul lucerniere? Non c'è nulla infatti di nascosto che non debba essere manifestato e nulla di segreto che non debba essere messo in luce (Mc 4,21-22).

La distinzione fra la profondità dell'essere e gli aspetti superficiali della vita è il primo passo verso la maturità trivalente di cuore, mente e anima.

I pensieri di chi è nutrito nel suo spirito dal rapporto con Dio superano i conflitti generati dalle cose temporali. Ne consegue la lungimiranza, che è proprio la caratteristica di chi allena il proprio cuore a vivere le armonie dei significati perenni della vita. La sapienza, poi, alberga spontaneamente in chi vive il presente in proiezione del futuro eterno. È proprio questa proiezione a suggerire soluzioni sagge e comprensioni a largo raggio in tutto ciò che fa parte del vissuto umano. Anche i timori relativi agli eventi a volte minacciosi della vita terrena si riducono e le sofferenze acquistano un valore di scoperta e un aiuto al proprio rafforzamento.

Non c'è avanzamento che possa avviarsi all'interno dell'uomo al di fuori della consapevolezza della propria sostanza vitale eterna.

La verità di Dio non è solo consolazione, è realtà e concretezza.

Alle volte noi dimentichiamo che la nostra fede è concreta: il Verbo si è fatto carne, non si è fatto idea: si è fatto carne. Quando recitiamo il Credo, diciamo tutte cose concrete (Papa Francesco, meditazione mattutina cappella della Domus Sanctae Marthae, 24 aprile 2017).

O amabile Padre,
alla porta del nostro cuore tu mendichi la nostra attenzione.
Quanto buio senza spiragli di luce dentro quella porta chiusa!
Eppure quanto desiderio di te!
Tu, perfetto compimento di ogni vita,
realizzazione dei nostri sogni,
balsamo alle nostre ferite,
respiro profondo dell'anima nostra,
riposo alla stanchezza,
unica speranza nostra,
non attendere oltre.
Entra!
Come una folgore scuoti le nostre coscienze.
Invadi per amore pietoso il nostro mondo interiore.
Riprendi il tuo posto in noi, Signore.
Apri i nostri cuori e ricomponi al centro della nostra vita
il tuo Regno di gloria.
Vieni, Padre, vieni oggi stesso.

La fede comporta una mente saggia e un cuore infante. Una mente saggia per operare con buon senso e un cuore infante per credere che Dio, seppure invisibile, è con noi sempre. Il bambino sa abbandonarsi all'amore materno. Tale condizione interiore d'infanzia è il punto di partenza per lasciare che Dio Creatore conduca la propria creatura nella sua luce lungo il percorso terreno. Allora la creatura non si lascerà opprimere dal buio, neanche nei momenti di fitta tenebra, poiché per l'azione della grazia riuscirà a vedere anche oltre le tenebre.

*La mia vita è fatta tutta di confidenza e di amore
e non capisco le anime che hanno paura d'un
così tenero Amico (S.Teresa del Bambin Gesù,
lettera a P. Roulland, 9.5.1897).*

Non è difficile far coesistere saggezza e infanzia spirituale. L'una non esclude l'altra, così come l'intelletto e l'amore non si escludono a vicenda, anzi coniugando fede e ragione riusciremo a vivere una vita congiunta alla divina provvidenza e ad essere sobri, restando in uno stato di relazione interiore con Dio. Tale relazione ci darà pace anche nelle avversità. Quando, infatti, ci lasciamo abitare dalla Trinità, dissolviamo nell'amore divino tutto ciò che ci vuole ingabbiare, sciogliendo le catene della mente e del cuore per non entrare nella ragnatela del mondo che ci insidia continuamente.

Figli del tempo, ma soprattutto figli dell'eternità, viviamo nel tempo con semplicità.

La verità che abita il nostro cuore ci fa comprendere l'essenziale. Permanendo in Dio distinguiamo anche ciò che gli appartiene da ciò che non gli appartiene. Allora con saggezza misuriamo le nostre forze e le nostre capacità, vivendo nella grande pace interiore il nostro amore e la nostra preghiera, costantemente al suo cospetto.

Ma voi, carissimi, costruite il vostro edificio spirituale sopra la vostra santissima fede, pregate mediante lo Spirito Santo, conservatevi nell'amore di Dio, attendendo la misericordia del Signore nostro Gesù Cristo per la vita eterna. Convincete quelli che sono vacillanti, altri salvateli strappandoli dal fuoco, di altri infine abbiate compassione con timore, guardatevi perfino dalla veste contaminata dalla loro carne (Gd 20-23).

La fede è virtù attiva. Non è un semplice rimando a Dio ma azione umana intelligente con sentimenti di fiducia nella sapienza divina che ci governa. Il rapporto di fede con Dio presuppone non un atteggiamento passivo né una fede decisionale, orientata alla nostra idea di risoluzione dei problemi, ma piuttosto la certezza che Egli opera al meglio e ci guida al bene. Questa certezza oltrepassa l'attenzione ai problemi specifici e ci dispone a dare a Dio carta bianca nella nostra vita con disposizione collaborativa, secondo lo spirito che Egli stesso ci dona e che è spirito di azione, di saggezza e di equilibrio.

> Poiché così dice il Signore:
> «Ecco io farò scorrere verso di essa,
> come un fiume, la prosperità;
> come un torrente in piena
> la ricchezza dei popoli;
> i suoi bimbi saranno portati in braccio,
> sulle ginocchia saranno accarezzati.
> Come una madre consola un figlio
> così io vi consolerò (Is 66,12-13).

O amabile Padre,
nella salute e nella malattia, nell'attività e nell'inattività,
sempre riconoscerò la tua Presenza operosa.
Solo tu, mio Dio, riempi di senso le mie gioie, i miei dolori,
le mie parole, i miei silenzi.
E solo la mia forte fede, sostenuta da te,
può consolare il tuo Cuore divino
e pagare il mio debito d'amore.
Se vivrò in te, la mia vita parlerà di te ai cuori degli altri.
Sì, mio Signore, voglio cibarmi di te
e sfamare di te gli affamati d'amore.

Indice

Preghiere

Printed in Great Britain
by Amazon

34138806R00079